Zahlenzauber 1

Mathematikbuch
für die Grundschule

Allgemeine Ausgabe

Erarbeitet von
Bettina Betz
Angela Bezold
Ruth Dolenc-Petz
Carina Hölz
Hedwig Gasteiger
Petra Ihn-Huber
Christine Kullen
Elisabeth Plankl
Beatrix Pütz
Carola Schraml
Karl-Wilhelm Schweden

Unter Beratung von
Juliane Leuders

Illustriert von
Mathias Hütter
Renate Möller

Ich bin Bim.

Ich bin Simsala.

Und ich bin Eulalia.

Oldenbourg Schulbuchverlag, München

Inhaltsverzeichnis

Im Zauberwald – Was kannst du schon?

1 Wo sind die Tiere? Beschreibe genau.

| über | unter | rechts | links | auf |
| hinter | | vor | | |

Wo ist der 🔑?

2 Zähle und schreibe auf.

3 Von welchen Dingen findet ihr 2 , 6 , ?

14 15 16 17 18 19 20 21

4 a) Die Katze schleicht zu den Hasen. Zähle 0 1 2 …

   Eine Schnecke kriecht zum Haus: 11 10 9 …

⭐ b) Simsala will zu Bim. So hüpft sie: 0 2 4 …

   Bim geht zurück zum Haus: 21 20 19 18 …

🧊 c) Finde mehr Zählgeschichten.

5 Erzählt.

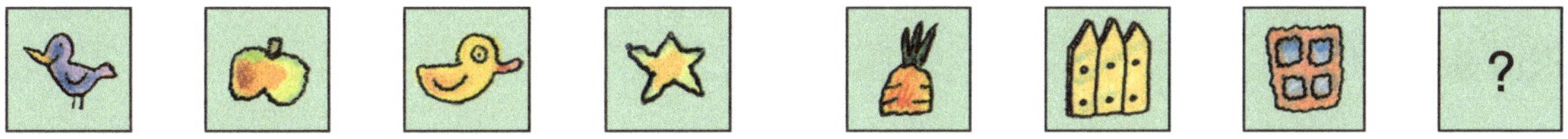

 ① Seht euch das Bild an und erzählt.

② Zähle.

- Wie viele Kinder sind auf dem Bild? _____

- Wie viele Kinder tragen eine ? _____

- Wie viele tragen ? _____

- Wie viele tragen eine blaue ![jeans] an? _____

- ...

③ Anna und Tom schreiben so auf:

Was sagst du dazu?

Schreibe selbst auf.

④ Mehr Jungen oder Mädchen in der Klasse?

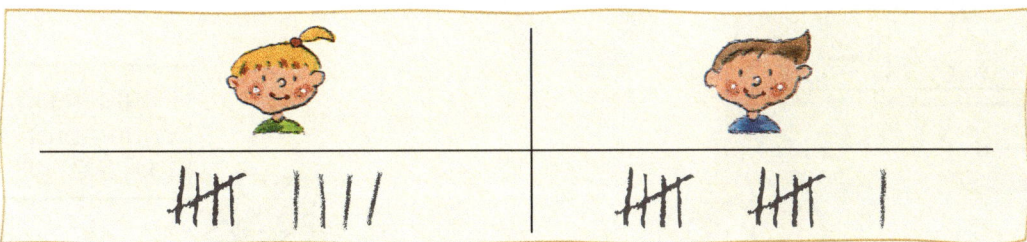

Das ist eine Strichliste.

 ⑤ Erstellt für eure Klasse Strichlisten.

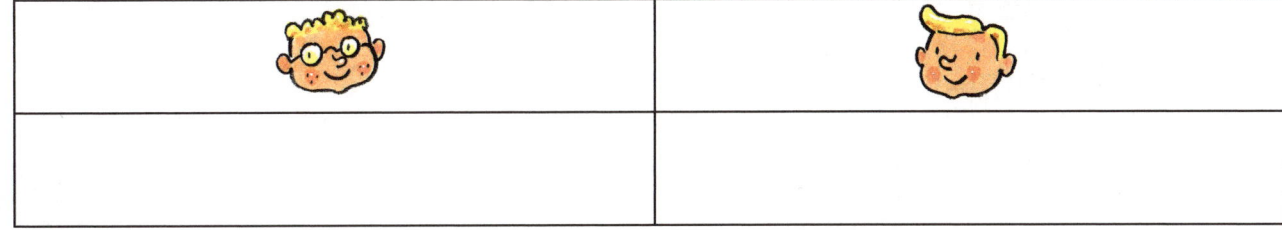

 ⑥ Zählt im Klassenzimmer. Erstellt Strichlisten.

 ⑦ Zählt im Schulhaus. Erstellt Strichlisten.

 ⑧ Was könnt ihr hier ablesen?

Auf einen Blick – toll!

Erstellt gemeinsam ein Schaubild für eure Klasse.

Kompetenz: Darstellen **7**

Bestellungen:
Tel. 0711-61235

Heute frisch:
Bauernbrot
1 kg 2 €

2 €   1 kg 3 €   1 kg 2 €

6,00

10 Stück 3,- €

31ct   52ct   2 €   1 €   1 €

① Wo entdeckst du Zahlen? Was bedeuten sie? Erzählt.

② a) Wer hat ⬚, ⬚, ⬚, …?

Der erste Kunde …

Die zweite Kundin …

Der dritte Kunde …

b) Was siehst du im ersten, zweiten,
dritten … Fach von links?

③ Schreibe die Zahlen und male die Punkte.

0   1 •   2 •   3   4

0   1 •   _   _   _   _

8

④ Was bedeuten diese Zahlen?

⑤ Suche Zahlen in deiner Umgebung. Erzähle, male oder bringe mit.

⑥ Welche Zahlen sind für dich wichtig?

⑦ Erstelle eine Liste mit wichtigen Zahlen von deinen Freunden.

Stefan	5	September	52 24 71	14
Marie	7	26 August	92 43 14	31
? ich				

⑧ Gestalte eine Seite zu deiner Lieblingszahl in deinem .

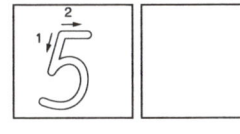  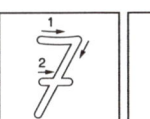  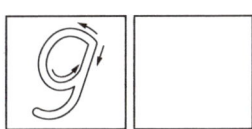

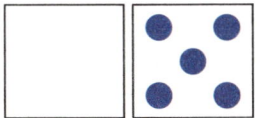 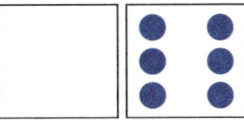 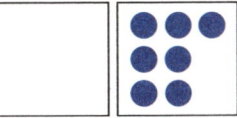 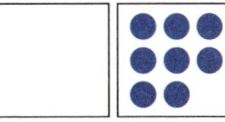 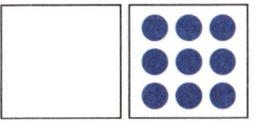

9

Schüttelschachteln

① Baue eine Schüttelschachtel.

② Schüttle. Wie viele Möglichkeiten findest du? Schreibe in dein Heft.

	6			8	
	3 + 3			5 + 3	
	4 + 2			8 + 0	
	▨ + ▨			▨ + ▨	
	... + ...			... + ...	

③ Schüttle diese Zahlen. Schreibe in dein Heft.

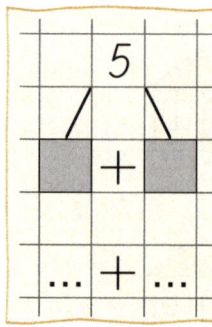

a) ⑦   b) ③   c) ⑩ d) ⑦

___   ___   ___   ___   ___   ___   ___   ___

... ...

 Bei der 3 sind es wenige Schüttelergebnisse.

Bei der 10 werden es viele Schüttelergebnisse.

3
2 + 1
0 + 3
3 + 0
1 + 2

10
7 + 3
5 + 5
2 + 8
6 + 4
8 +

Woran liegt das?

④ Schüttelt, malt und schreibt die Ergebnisse auf. Ordnet sie.

a)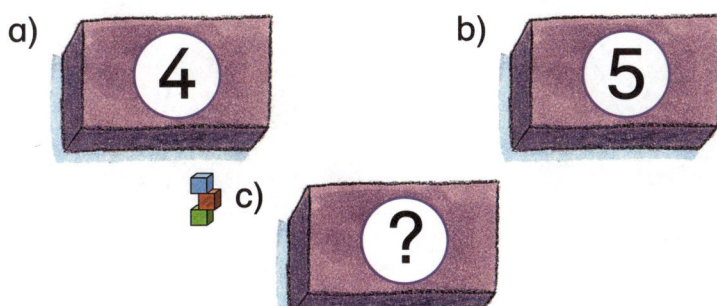

b)

c)

Wie habt ihr geordnet? Vergleicht.

⑤ Verbinde und schreibe auf.

⑥ Wie heißt die zweite Zahl? Zeige mit der Schüttelschachtel. Male und schreibe auf.

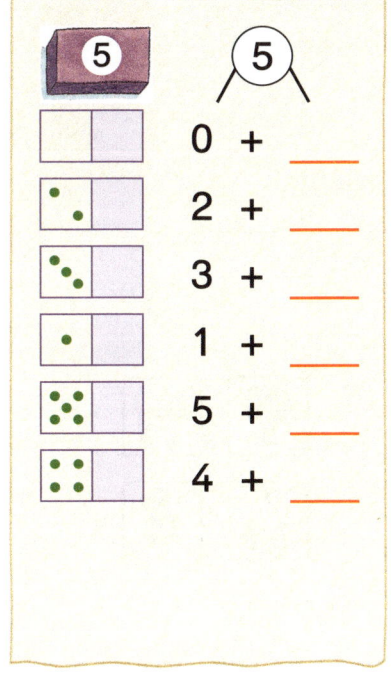

0 + ___
2 + ___
3 + ___
1 + ___
5 + ___
4 + ___

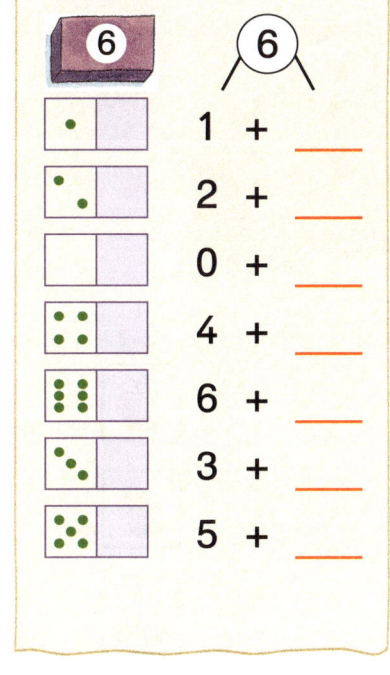

1 + ___
2 + ___
0 + ___
4 + ___
6 + ___
3 + ___
5 + ___

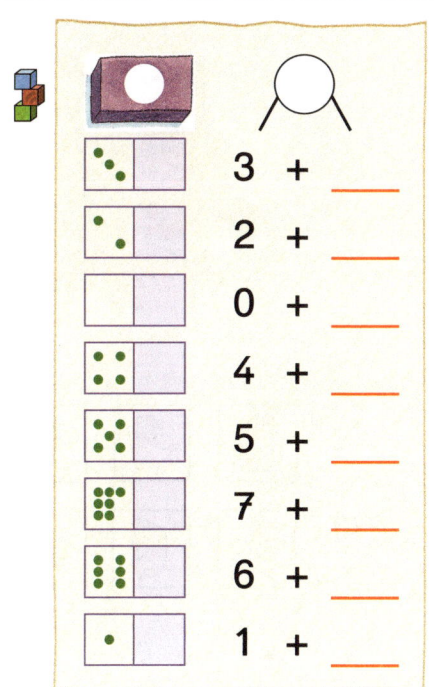

3 + ___
2 + ___
0 + ___
4 + ___
5 + ___
7 + ___
6 + ___
1 + ___

11

 ① Linkshänder – Rechtshänder?

Umfahre.

Schneide aus.

Gestaltet ein Plakat.

 ② Wo spürst du die Feder?

Linkes Ohr!

a) b) c)

 ③ Beschreibt.

| links | rechts | über | unter |

a)

Die ☀ liegt rechts von …

Das ❤ liegt …

Die 🍐 liegt …

b)

c)

d)

🍒

e)

 4 Spielt mit 9 Karten. Beschreibt.

Die liegt …

Der liegt links von …

Das liegt …

5 Male und erzähle zu dem Bild in **4**.

Was liegt | über | …?

 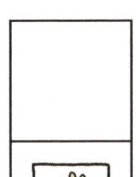  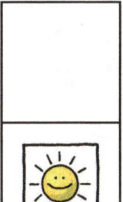 

Was liegt | unter | …?

  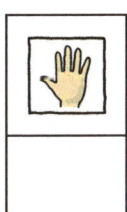  

Was liegt | links von | …?

Was liegt | rechts von | …?

 6 Einer legt und spricht. Der Partner legt nach.

Ich lege die Sonne in die Mitte!

Kompetenz: Kommunizieren **13**

1 Wie viele sind es jeweils?

2 So geht das Zählen leichter. Warum? Erkläre.

3 sehe ich auf einen Blick, und daneben …

Wenn die Steine in einer Reihe liegen, …

5 kenne ich vom Würfel …

?

14

3 Lege so, dass du die Zahl -schnell erkennen kannst.

Zeichne, vergleiche mit deinem Partner und erkläre.

4 Wie viele sind es? Erkenne -schnell. Schreibe auf und erkläre.

a)

_10_ _____ _____ _____ _____

b)
 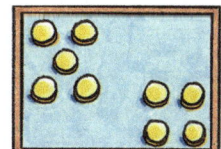   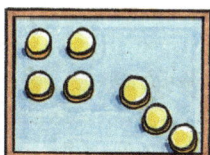

_____ _____ _____ _____ _____

 5 Blitzlesen

Jeder legt eine Zahl. Der Partner soll sie -schnell erkennen.

 6 Blitzlesen mit Fingern
a) Wie viele sind es?

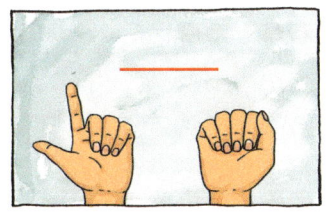 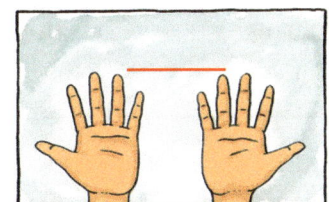 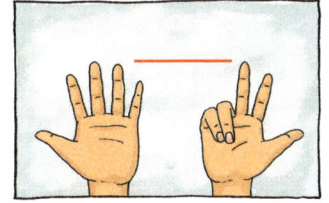 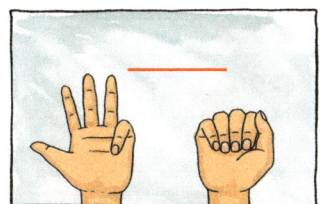

b) Zeige -schnell: 8, 7, 5, … Finger.

1 Erkennst du 5 und 10 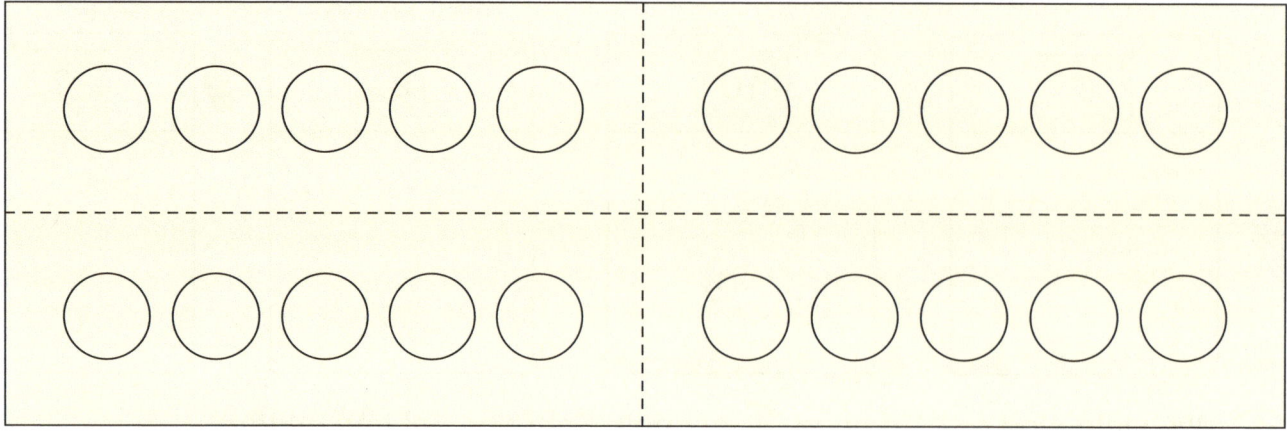-schnell?

a) Lege 5 am Zwanzigerfeld.

b) Lege 10 am Zwanzigerfeld.

2 Lege andere Zahlen so, dass du sie ⚡-schnell erkennen kannst.
Erkläre wie Simsala:

Es sind 6, 5 und 1!

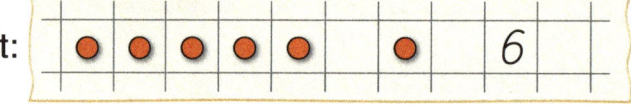

Zeichne so in dein Heft: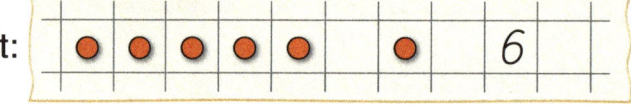

3 Zahlen ⚡-schnell erkennen. Schreibe auf. Erkläre wie Simsala.

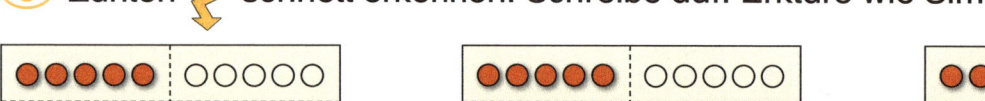 5

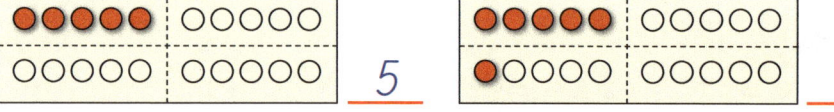

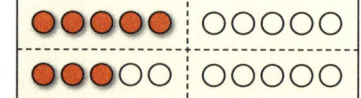

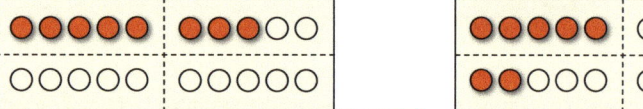

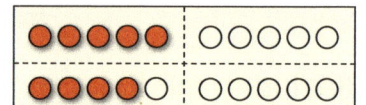

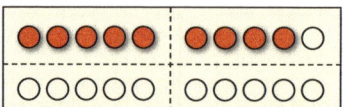

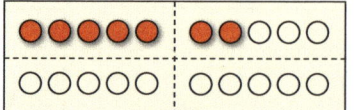

 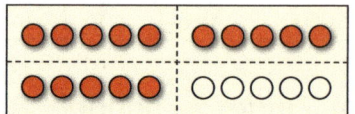

④ „Blitzlesen" mit dem Zwanzigerfeld

Welche Zahl siehst du?

Ich sehe 8, das sind 5 und 3!

⑤ 10 in einer Reihe. Wie viele Plättchen sind verdeckt? Erkläre wie Simsala.

Ich sehe nur 7, 3 sind verdeckt!

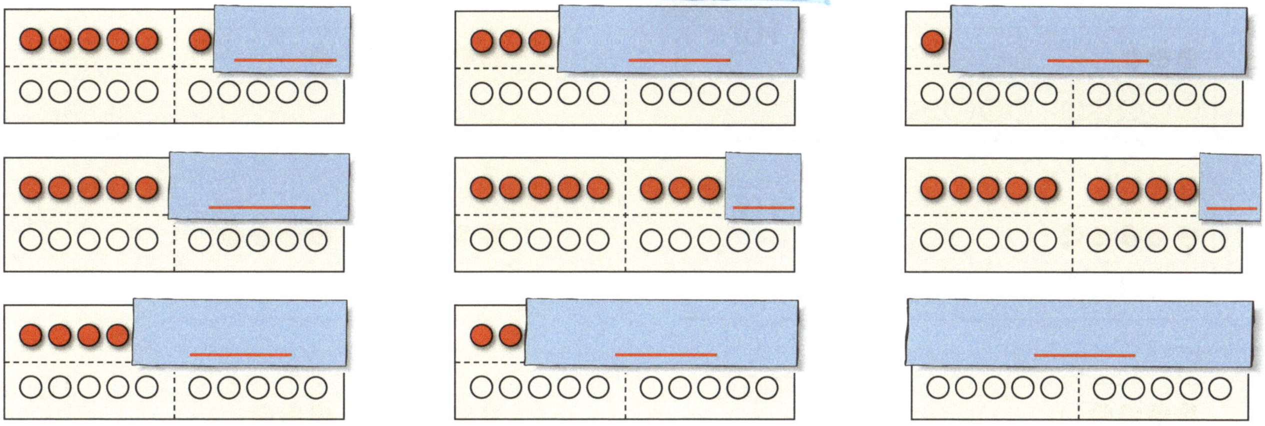

3

Spielt „Plättchen verdecken".

⭐ Spielt mit 20 Plättchen.

⑥ Wie viele Felder verdeckt Bim?

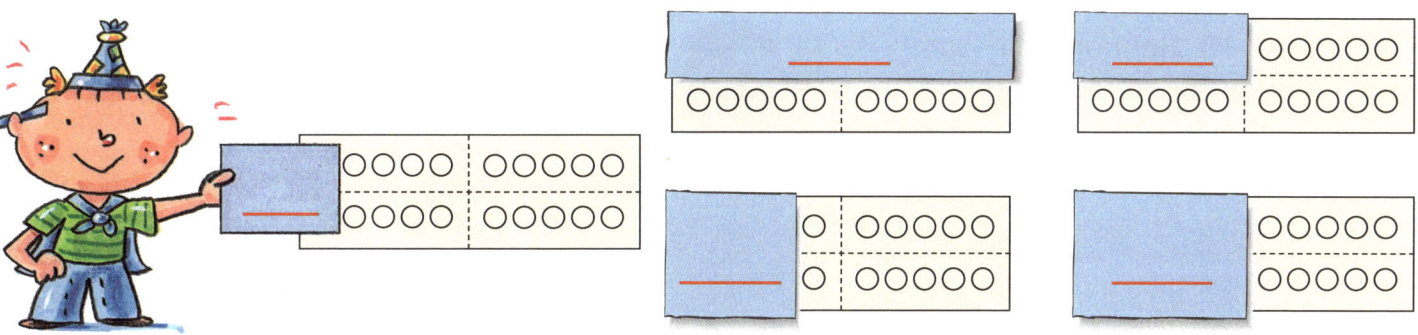

Spielt „Felder verdecken".

17

1 Immer 10.
Spielt mit dem Partner.

2 Immer 10. Welche Zahl fehlt? Schreibe auf.

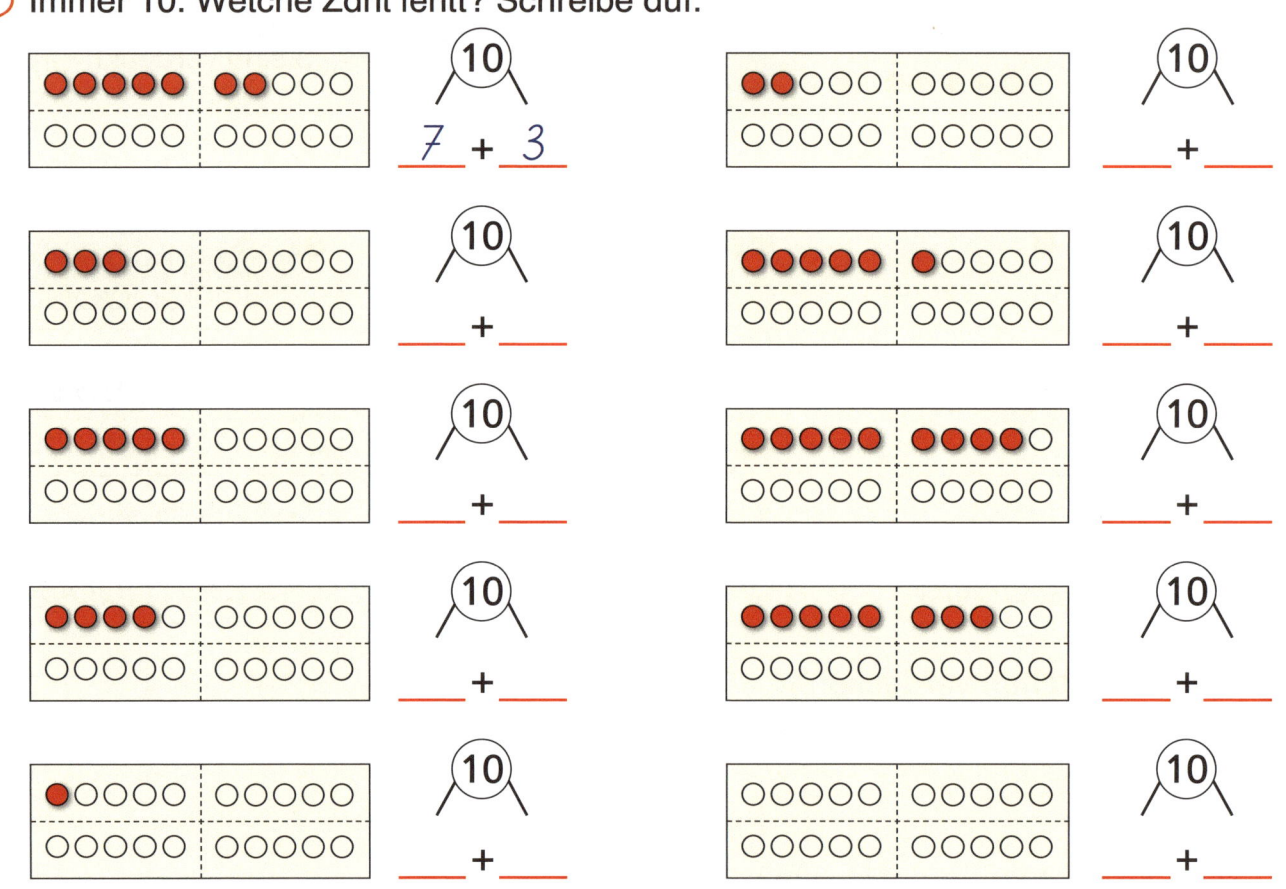

$7 + 3$

3 Immer 10: Schnapp die Zahl!

(4) Immer 10. Zerlegt, schreibt auf Kärtchen und malt.

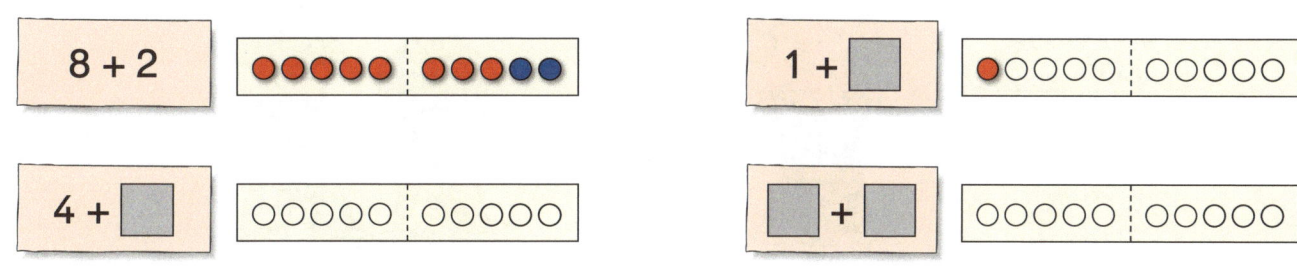

...

> Habt ihr alle Möglichkeiten gefunden?

> Warum gibt es nicht mehr?

> Tipp: Ordnen hilft.

10 + 0

9 + 1

Erkennst du ein Muster? Beschreibe.

 (5) Wie viele Zerlegungen gibt es für 4, 5 und 6? Was fällt euch auf?

a)

4
$4 + 0$
___ + ___
___ + ___
___ + ___
___ + ___

5
___ + ___
___ + ___
___ + ___
___ + ___
___ + ___
___ + ___

6
___ + ___
___ + ___
___ + ___
___ + ___
___ + ___
___ + ___
___ + ___

> Ich habe entdeckt, dass …

> Bei der 4 gibt es … Zerlegungen, bei der …

> Es gibt immer eine Zerlegung mehr als die …

b) Wie viele Zerlegungen gibt es bei 7, 8, 9, 10? Überlege. Schreibe geordnet in dein 📖.

c) Wie viele Zerlegungen gibt es für 11, 12, …, 20? Überlege.

Alex ist größer als Noah.

1 Vergleicht in eurer Klasse.

… **kleiner** als …

… **gleich groß** wie …

… **größer** als …

2 Viele Würfel: Vergleicht.

… **weniger** als …

… **genauso viele** wie …

… **mehr** als …

Alex

Anna

Noah

Lea

3 Vergleicht die Türme.

… **kleiner** als …

… **gleich groß** wie …

… **größer** als …

 Baut Türme und vergleicht. Sprecht und schreibt auf.

⑤ <, >, = ?

a) 6 > 4   b) 6 ◯ 8   c) 10 ◯ 1   ⭐ d) 8 ◯ 12

   7 ◯ 4   5 ◯ 5   8 ◯ 7   11 ◯ 13

   9 ◯ 10   2 ◯ 1   6 ◯ 6   14 ◯ 12

⑥ Wie geht es weiter? Setze fort und erkläre.

a)
3 ◯ 4
4 ◯ 4
5 ◯ 4
6 ◯ 4
___ ◯ ___

b)
5 ◯ 1
5 ◯ 2
5 ◯ 3
5 ◯ 4
___ ◯ ___

c)
0 ◯ 1
0 ◯ 2
0 ◯ 3
___ ◯ ___
___ ◯ ___

⭐ d)
1 ◯ 7
2 ◯ 6
3 ◯ 5
___ ◯ ___
___ ◯ ___

 ⑦ Zahlen raten

Meine Zahl ist kleiner als 5.

Ja.

Nein.

Ist sie größer als 2?

Ist es die 3?

Es ist …

Spielt selbst „Zahlen raten".

Zahlen stechen

Gewonnen: 3 ist größer als 2.

| 3 | > | 2 |

1 Spielt mit Zahlenkarten. Die Zahlen dürfen mehrmals vorkommen. Schreibt auf wie Simsala und Bim. Wer ist der Sieger? Markiere ✓.

Simsala		Bim
✓ 3	>	2
4	<	6 ✓
3	=	3

< ist **kleiner** als

= ist **gleich**

> ist **größer** als

2 Wer ist der Sieger? Schreibe auf.

S		B
4	<	7 ✓
✓ 6	>	2
3	◯	8
1	◯	6

S		B
4	◯	10
3	◯	1
8	◯	9
5	◯	7

S		B
5	◯	4
2	◯	3
8	◯	7
9	◯	10

S		B
6	◯	1
5	◯	9
8	◯	2
7	◯	3

3 Wähle zwei Zahlen und vergleiche im Heft.

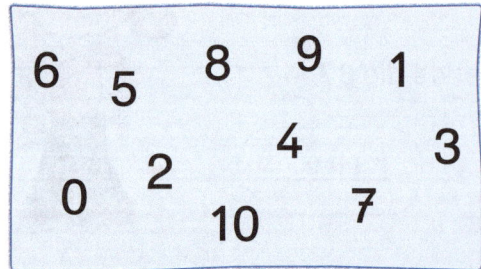

6 5 8 9 1
    2 4   3
0   10 7

| 6 | > | 5 |
| 7 | < | 9 |

Das werden viele Aufgaben!

22

Welche Karten gewinnen gegen die 3?

4 Mit welchen Karten gewinnst du gegen die [3], ...?
Schreibe so auf:

a) **3**

$10 > 3$
$\_ > 3$
$\_ > 3$
...

b) **6**

$\_ > 6$
$\_ > 6$
$\_ > 6$
...

c) **5**

$\_ > 5$
$\_ > 5$
$\_ > 5$
...

d)

$\_ > \_$
$\_ > \_$
$\_ > \_$
...

⭐ Mit welcher Karte gewinnst du immer?

5 Mit welchen Karten verlierst du gegen die [3] ...?

a) **3**

$\_ < 3$
$\_ < 3$
$\_ < 3$
...

b) **7**

$\_ < 7$
$\_ < 7$
$\_ < 7$
...

c) **9**

$\_ < 9$
$\_ < 9$
$\_ < 9$
...

d) **8**

$\_ < 8$
$\_ < 8$
$\_ < 8$
...

e)

$\_ < \_$
$\_ < \_$
$\_ < \_$

⭐ Warum verliert Eulalia immer?

Verloren!

6 Finde eine passende Zahl. Vergleiche mit deinem Partner.

a) $7 > \_$
$\_ > 9$
$\_ < 9$
$9 = \_$

b) $8 = \_$
$3 < \_$
$\_ > 5$
$\_ = 0$

c) $5 < \_$
$5 > \_$
$5 = \_$
$\_ > 0$

⭐ d) $15 > \_$
$\_ > 15$
$\_ < 15$
$15 = \_$

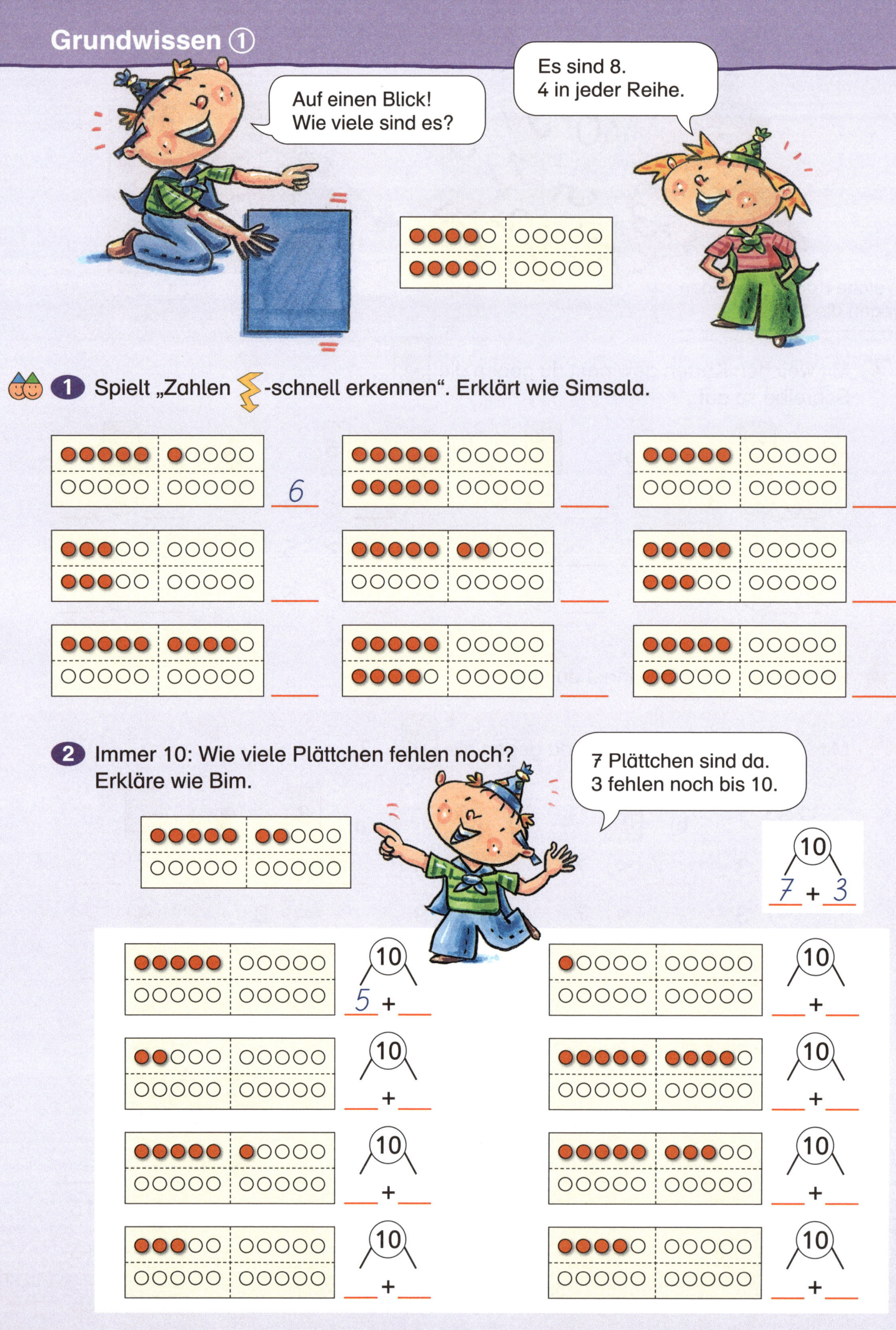

Auf einen Blick!
Wie viele sind es?

Es sind 8.
4 in jeder Reihe.

1 Spielt „Zahlen ⚡-schnell erkennen". Erklärt wie Simsala.

6

2 Immer 10: Wie viele Plättchen fehlen noch?
Erkläre wie Bim.

7 Plättchen sind da.
3 fehlen noch bis 10.

10
7 + 3

10
5 + __

10
__ + __

10
__ + __

10
__ + __

10
__ + __

10
__ + __

10
__ + __

10
__ + __

24

3 Welche Zahl fehlt? Male und schreibe auf.

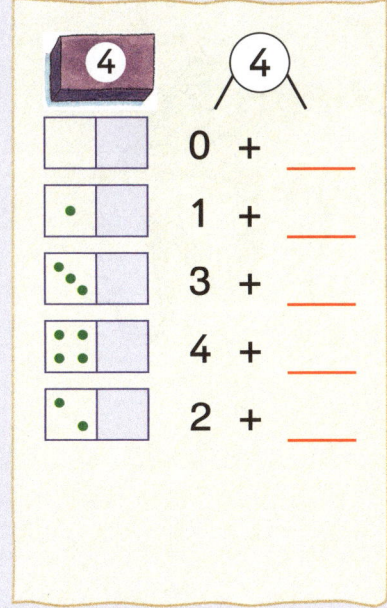
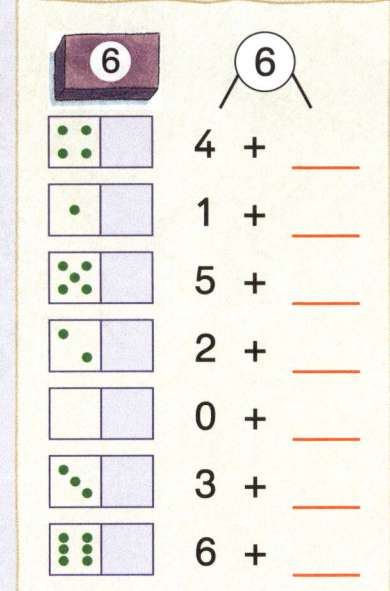
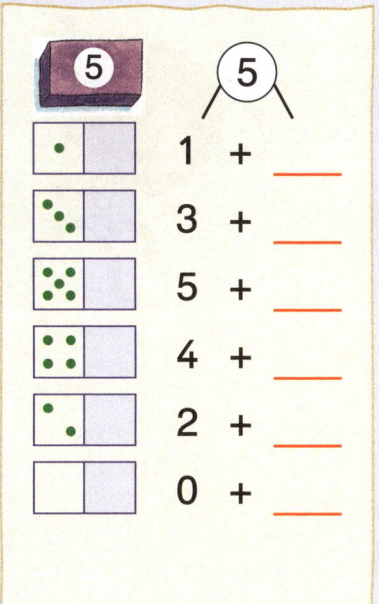

Kannst du das auch mit 7 und 8?

4 Blitzlesen mit Fingern

a) Wie viele sind es?

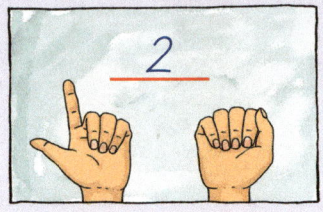
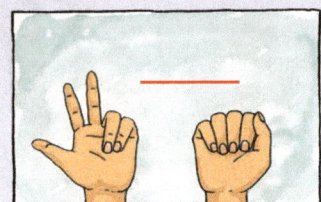
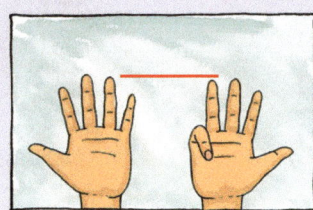
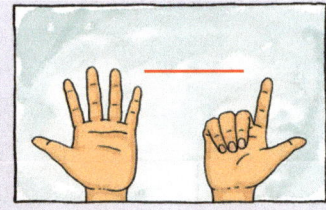
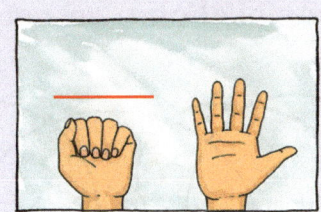
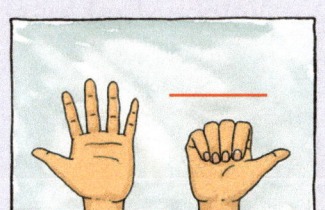
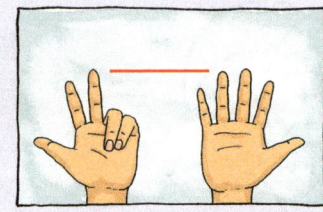
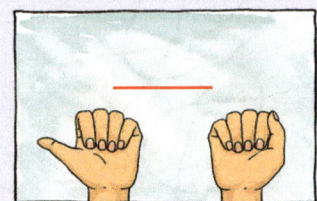
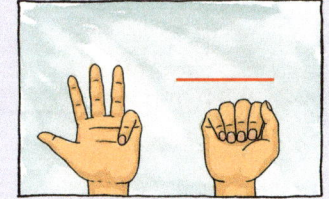

b) Zeige ⚡-schnell 9, 6, 5, 7, ... Finger.

c) Stell dir vor, 1, 2, ... Finger sind ausgestreckt.
Wie viele fehlen noch bis 10?

1 Welcher Drachen gehört zu welchem Kind? Verbinde.

2 Welcher Igel frisst welchen Apfel? Fahre mit verschiedenen Farben nach.

3 Welche Früchte siehst du? Erzähle.

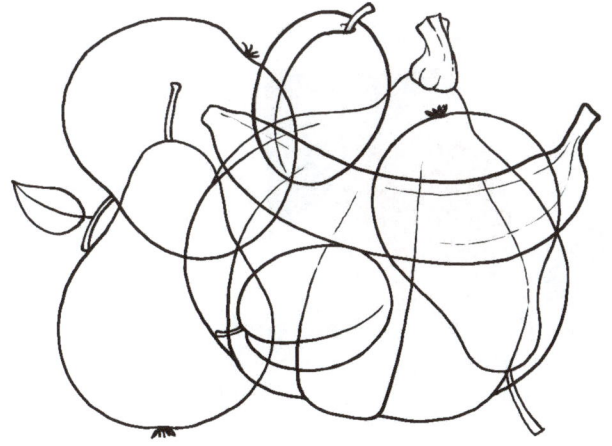

a) Male die Pflaumen an.

b) Male die Birnen an.

4 Wie viele Äpfel siehst du? Wie viele Bananen siehst du?

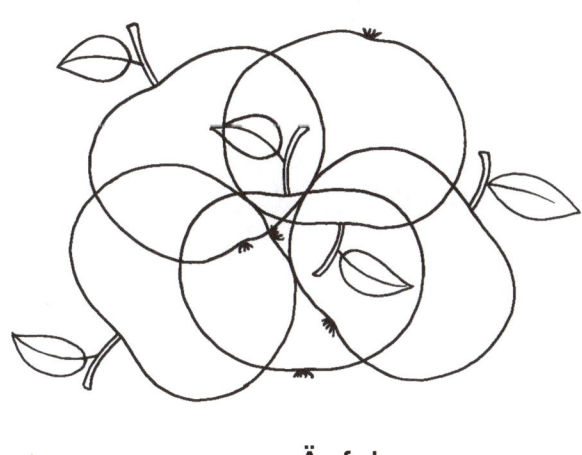

_____ Äpfel

_____ Bananen

5 Suche genau diese Figur. Male sie an.

a)

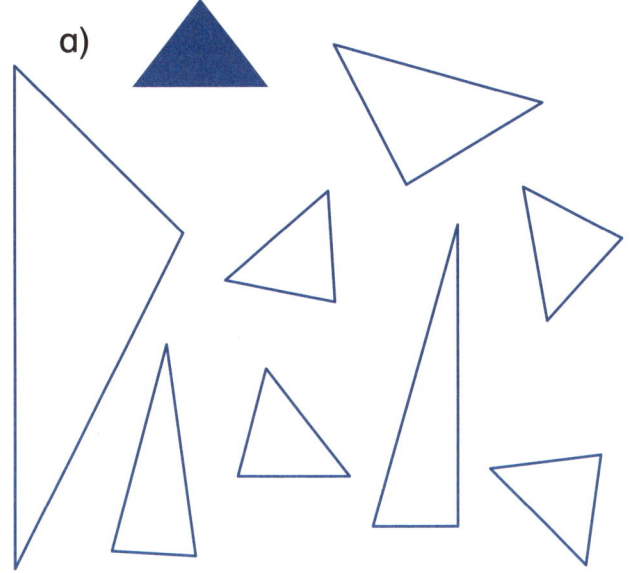

b)

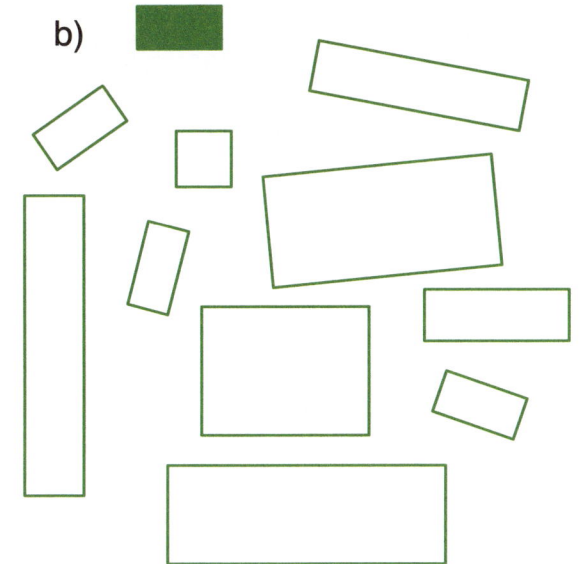

 **Figuren und Muster legen**

① Lege nach. Beschreibe.
Erfinde eigene Figuren und zeichne sie.
🙂🙂 Macht eine Ausstellung.

| Dreieck | Rechteck |

| Kreis | Quadrat |

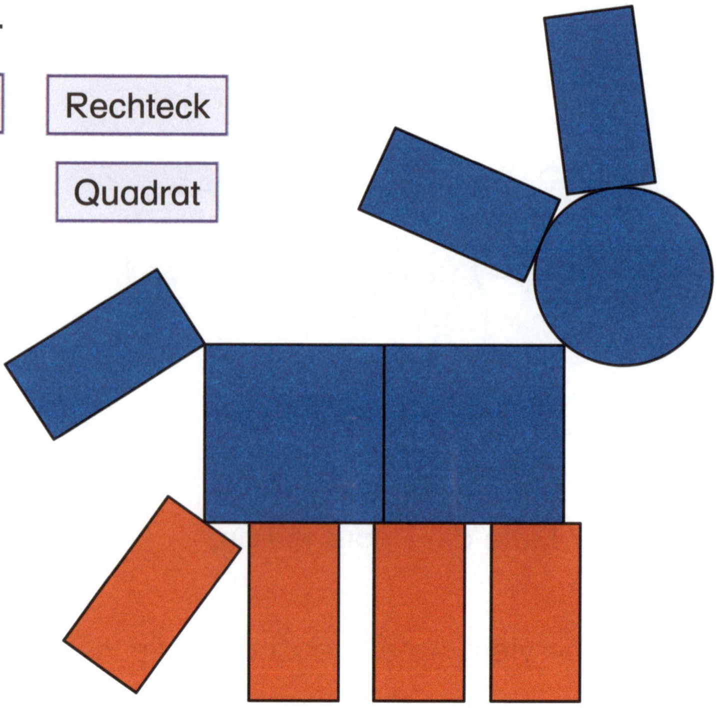

Plättchen umfahren

oder

Schablone benutzen

② Beschreibe diese Muster. Lege nach und setze fort.

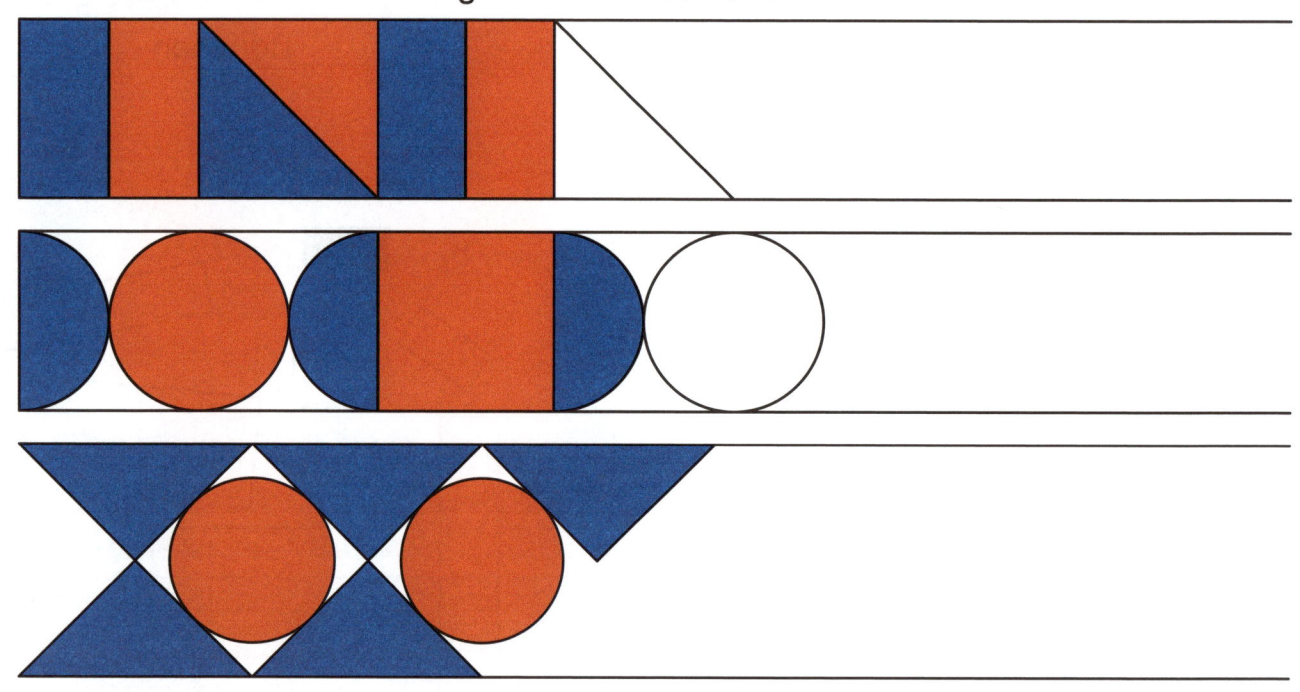

 ③ Lege selbst Muster. Zeichne ins .

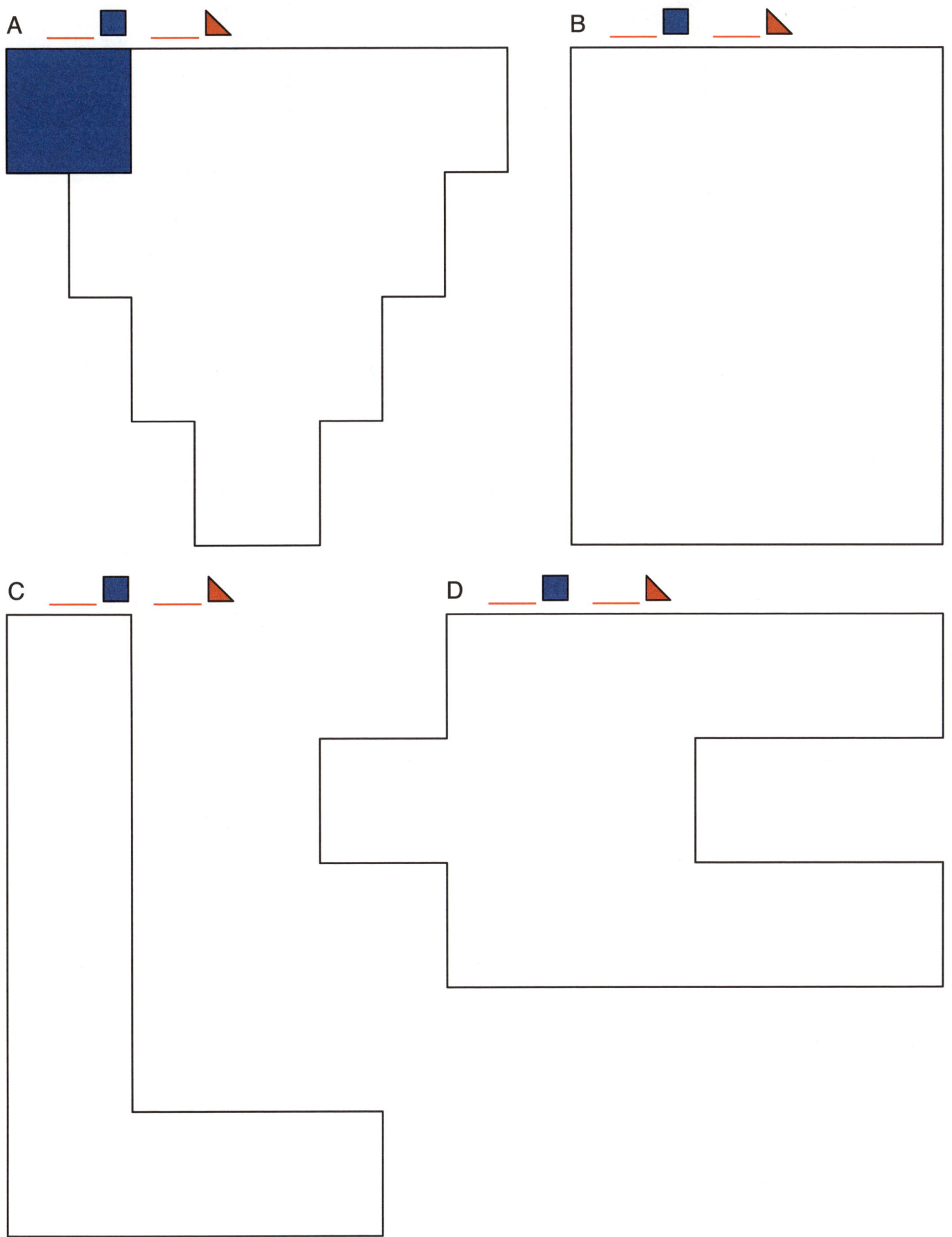

④ a) Lege jede Figur mit ▪ aus. Wie viele brauchst du? Schreibe auf.
   b) Welche Figur ist am größten? Erkläre.
   c) Legt jede Figur mit ◣ aus. Wie viele braucht ihr? Was fällt euch auf?

A ___ ▪ ___ ◣

B ___ ▪ ___ ◣

C ___ ▪ ___ ◣

D ___ ▪ ___ ◣

Dazulegen oder wegnehmen

1 Dazulegen oder wegnehmen?

a) 5

Ich nehme 4 weg.

Ich lege … dazu.

b) 6

c) 7

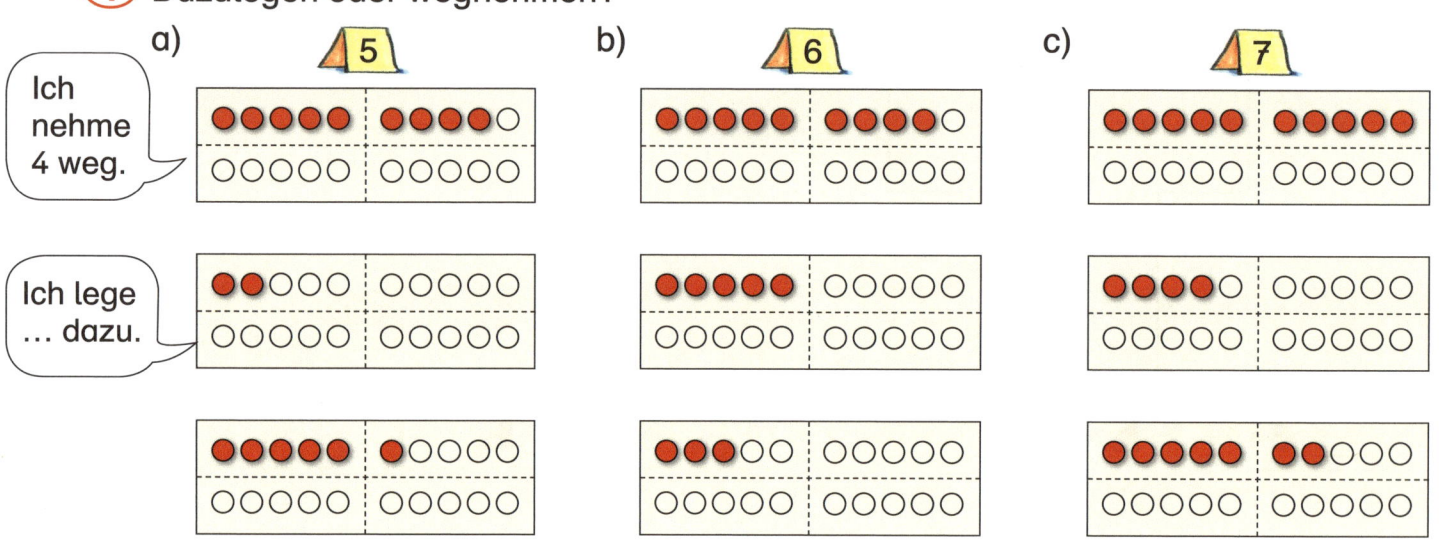

2 Wie viele Plättchen sind es dann?

a) 2 dazu — 5

Dann sind es 5.

3 dazu

1 dazu

b) 5 weg — 2

Dann sind es 2.

1 weg

2 weg

c) Erfinde weitere Aufgaben.

 4 dazu

$$3 + 4 = 7$$

dazulegen „plus"

wegnehmen „minus"

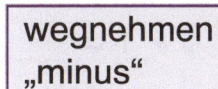 3 weg

$$8 - 3 = 5$$

③ Schreibe die Rechnungen auf.

a)

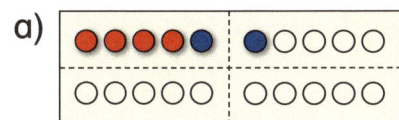

$$4 \quad + \quad 2 \quad = \underline{\hspace{1cm}}$$

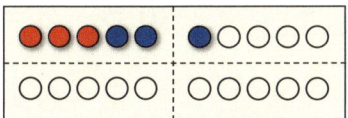

$$3 \quad + \underline{\hspace{1cm}} = \underline{\hspace{1cm}}$$

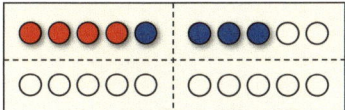

$$\underline{\hspace{1cm}} + \underline{\hspace{1cm}} = \underline{\hspace{1cm}}$$

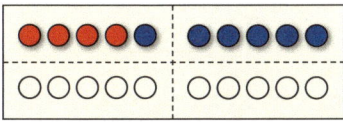

$$\underline{\hspace{1cm}} + \underline{\hspace{1cm}} = \underline{\hspace{1cm}}$$

b)

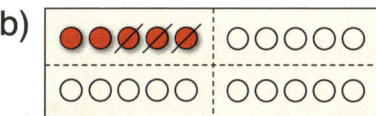

$$5 \quad - \quad 3 \quad = \underline{\hspace{1cm}}$$

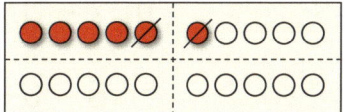

$$6 \quad - \underline{\hspace{1cm}} = \underline{\hspace{1cm}}$$

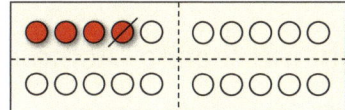

$$\underline{\hspace{1cm}} - \underline{\hspace{1cm}} = \underline{\hspace{1cm}}$$

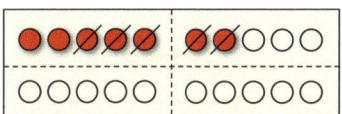

$$\underline{\hspace{1cm}} - \underline{\hspace{1cm}} = \underline{\hspace{1cm}}$$

④ Lege die Aufgaben. Schreibe auf.

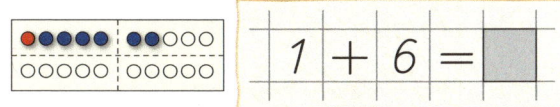 $1 + 6 = $

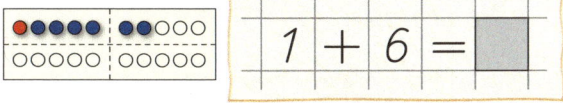 $4 - 1 = $

a) $1 + 6 = \underline{\hspace{1cm}}$ $7 + 1 = \underline{\hspace{1cm}}$

$3 + 2 = \underline{\hspace{1cm}}$ $3 + 5 = \underline{\hspace{1cm}}$

$2 + 4 = \underline{\hspace{1cm}}$ $5 + 2 = \underline{\hspace{1cm}}$

b) $4 - 1 = \underline{\hspace{1cm}}$ $9 - 2 = \underline{\hspace{1cm}}$

$5 - 3 = \underline{\hspace{1cm}}$ $7 - 2 = \underline{\hspace{1cm}}$

$8 - 4 = \underline{\hspace{1cm}}$ $3 - 1 = \underline{\hspace{1cm}}$

2, 2, 3, 4, 5, 5, 6, 7, 7, 7, 8, 8

Plus- und Minusrechnen

Ich kontrolliere mit Plättchen.

1 Lege Plusaufgaben. Schreibe auf.

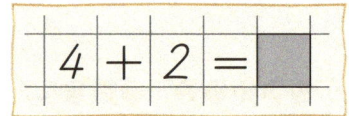

a) 4 + 2 = ___

7 + 2 = ___

3 + 1 = ___

b) 3 + 2 = ___

5 + 1 = ___

2 + 5 = ___

c) 1 + 1 = ___

4 + 3 = ___

2 + 6 = ___

d) 5 + 3 = ___

2 + 3 = ___

3 + 0 = ___

2, 3, 4, 5, 5, 6, 6, 7, 7, 8, 8, 9

2 Lege Minusaufgaben. Schreibe auf.

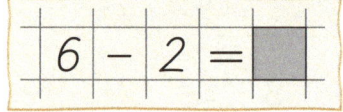

a) 6 − 2 = ___

8 − 3 = ___

5 − 4 = ___

b) 7 − 3 = ___

8 − 6 = ___

4 − 1 = ___

c) 3 − 2 = ___

6 − 4 = ___

9 − 3 = ___

d) 5 − 5 = ___

7 − 0 = ___

8 − 7 = ___

0, 1, 1, 1, 2, 2, 3, 4, 4, 5, 6, 7

3 Zeichne und rechne. Achte auf das Rechenzeichen.

a)

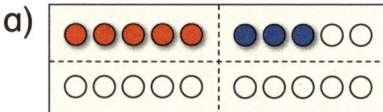

5 + 3 = ___

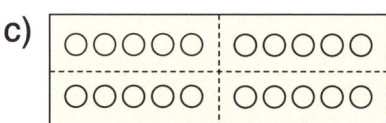

5 − 3 = ___

c)

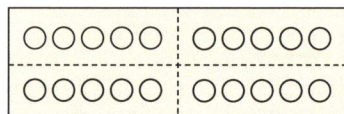

4 + 2 = ___

4 − 2 = ___

b)

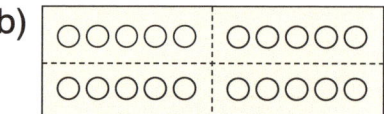

6 + 3 = ___

6 − 3 = ___

d)

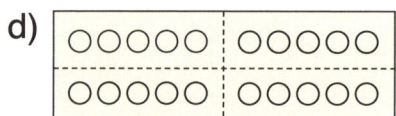

3 + 0 = ___

3 − 0 = ___

7 sind es. 4 sollen es werden. Also …

4 Plus oder minus?

a)

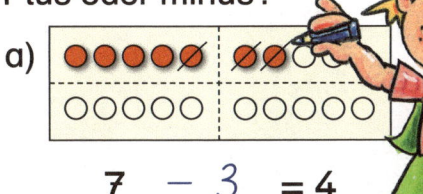

7 __− 3__ = 4

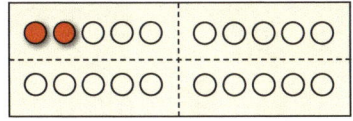

2 _____ = 6

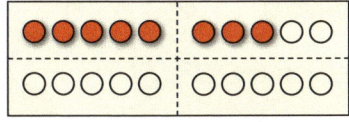

8 _____ = 3

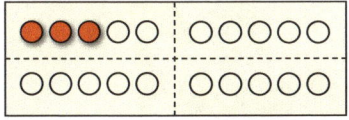

3 _____ = 5

Zeichne und schreibe die Rechnung auf.

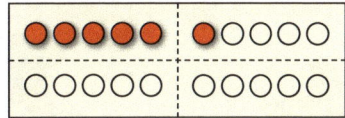

5 __+ 5__ = 10

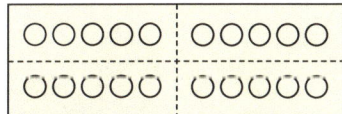

4 _____ = 3

6 _____ = 9

b) Erfinde Aufgaben für deinen Partner.

5 Lege dazu oder nimm weg. Rechne.

a)

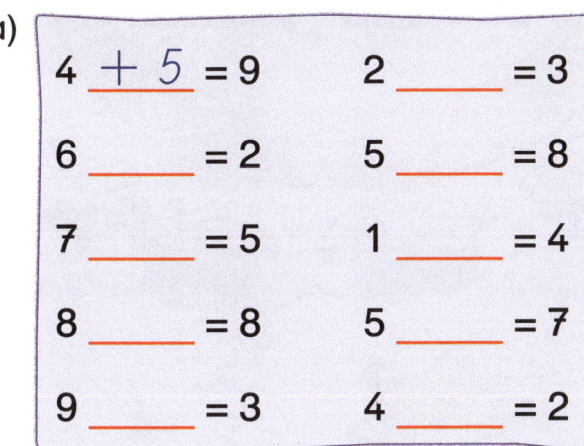

4 __+ 5__ = 9	2 _____ = 3
6 _____ = 2	5 _____ = 8
7 _____ = 5	1 _____ = 4
8 _____ = 8	5 _____ = 7
9 _____ = 3	4 _____ = 2

b)

6 _____ = 8	3 _____ = 9
3 _____ = 4	7 _____ = 2
1 _____ = 1	7 _____ = 8
5 _____ = 3	3 _____ = 8
10 _____ = 8	9 _____ = 10

c)

8 _____ = 9	3 _____ = 3
6 _____ = 3	5 _____ = 9
8 _____ = 5	7 _____ = 4
8 _____ = 7	9 _____ = 7
5 _____ = 2	1 _____ = 2

d)

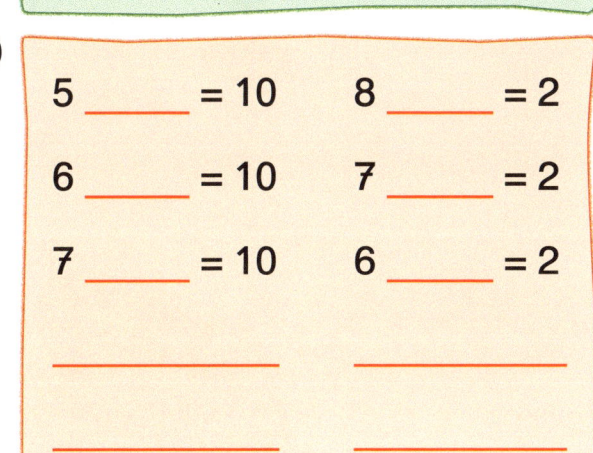

5 _____ = 10	8 _____ = 2
6 _____ = 10	7 _____ = 2
7 _____ = 10	6 _____ = 2
_____	_____

① Was siehst du auf dem Bild? Gibt es ein ähnliches Fest in deiner Heimat?

② Rechengeschichten sind überall. Erzähle.

③ Erzählt zu jedem Stand eine Rechengeschichte. Schreibt die Rechnung auf.

Am Stand ⭐1
5 🥨 und
5 🥨 dazu.

⭐1 5 + 5 = ▮

④ Schreibe eine Rechnung zu jeder Geschichte.

a) Opa kauft 5 ⭐ für Oma und 3 ⭐ für Mama.

5 + =

b) Opa will 10 🔴 für seinen 🌲. Er hat aber nur 3 🔴.

c) Oma kauft 8 🍪. Sie isst 2 auf.

d) Vincent hat 4 👼. Er kauft noch 3.

e) In der Tüte sind 10 🌰. Lisa verschenkt 4.

f) Im 🚌 sind 12 🧍. 5 steigen aus.

 ⑤ Erfinde selbst eine Geschichte zum Rechnen.

Würfeln

1. Würfelt und schreibt auf. Wer gewinnt?

2. Rechne. Wer gewinnt jeweils?

6 + 1 = 7 ✓
5 + 1 =
4 + 4 =
__ + __ =
__ + __ =

3 + 2 = 5
4 + 3 =
__ + __ =
__ + __ =
__ + __ =

Wer gewinnt die meisten Aufgaben?

3. Rechne. Wer gewinnt?

3 + 6 =
4 + 5 =
6 + 1 =
4 + 3 =
1 + 6 =

5 + 2 =
4 + 1 =
6 + 2 =
5 + 5 =
2 + 4 =

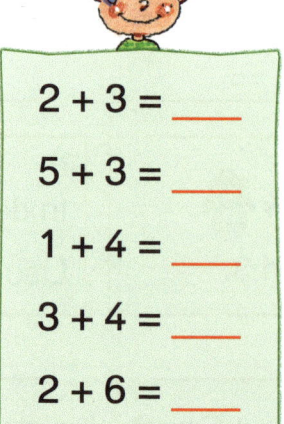

2 + 3 =
5 + 3 =
1 + 4 =
3 + 4 =
2 + 6 =

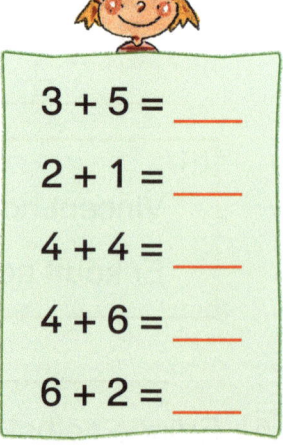

3 + 5 =
2 + 1 =
4 + 4 =
4 + 6 =
6 + 2 =

(4) Bilde Aufgabe und Tauschaufgabe.

5 + 1 = ___   ___ + ___ = ___   ___ + ___ = ___
1 + 5 = ___   ___ + ___ = ___   ___ + ___ = ___

___ + ___ = ___   ___ + ___ = ___   ___ + ___ = ___
___ + ___ = ___   ___ + ___ = ___   ___ + ___ = ___

(5) Rechne. Bilde auch die Tauschaufgabe.

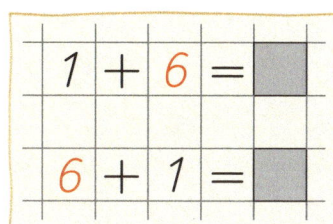

1 + 6	2 + 6	6 + 3
4 + 3	1 + 4	2 + 5
2 + 4	3 + 5	5 + 4

Welche Aufgaben kannst du schneller rechnen?

 (6) 3 Würfel – viele Möglichkeiten

1 + 6 + 2 = ___   1 + 2 + 3 = ___   ___ + ___ + ___ = ___
6 + 1 + 2 = ___   2 + 1 + 3 = ___   ___ + ___ + ___ = ___
2 + 6 + 1 = ___   3 + 2 + 1 = ___   ___ + ___ + ___ = ___
___ + ___ + ___ = ___   ___ + ___ + ___ = ___   ___ + ___ + ___ = ___

Simsala zaubert Hasen weg.

$10 - 2 = \underline{}$

① Immer 10: Zaubere wie Simsala.

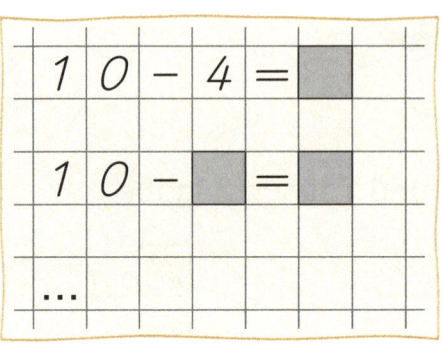

$$1\ 0 - 4 = \boxed{}$$
$$1\ 0 - \boxed{} = \boxed{}$$
...

Wie viele Aufgaben gibt es denn?

 Wie viele Minusaufgaben findest du? Vergleiche mit deinem Partner.

② Zaubere , , ... weg.

$9 - 3 = \underline{}$	$8 - 3 = \underline{}$	$7 - 3 = \underline{}$	?
$9 - 1 = \underline{}$	$8 - 1 = \underline{}$	$7 - 1 = \underline{}$	
$9 - 4 = \underline{}$	$8 - 4 = \underline{}$	$7 - 4 = \underline{}$	?
$9 - 5 = \underline{}$	$8 - 5 = \underline{}$	$7 - 5 = \underline{}$	

2, 3, 3, 4, 4, 4, 5, 5, 6, 6, 7, 8

③ Rechne.

$10 - 5 = \underline{}$ $9 - 3 = \underline{}$ $7 - 2 = \underline{}$ $8 - 1 = \underline{}$

$5 - 2 = \underline{}$ $6 - 2 = \underline{}$ $5 - 3 = \underline{}$ $7 - 4 = \underline{}$

$3 - 1 = \underline{}$ $4 - 3 = \underline{}$ $2 - 0 = \underline{}$ $3 - 2 = \underline{}$

$2 - 2 = \underline{}$ $1 - 1 = \underline{}$ $2 - 2 = \underline{}$ $1 - 1 = \underline{}$

 Was fällt dir auf?

Umkehraufgaben zaubern

... weg

Das ist die Umkehraufgabe.

... dazu

$10 - 3 = 7$

$7 + 3 = 10$

4 Zaubere weg und wieder dazu. Schreibe so auf:

Aufgabe	Umkehraufgabe
$1\ 0 - 3 = 7$	$7 + 3 = 1\ 0$
$9 - 4 = 5$	$5 + 4 = $
$8 - 2 = $	$ + 2 = $
...	...

5 Schreibe Aufgabe und Umkehraufgabe auf. Rechne.

a)
$8 - 4$	$7 - 2$
$7 - 3$	$5 - 4$
$6 - 1$	$8 - 3$

b)
$8 - 7$	$7 - 7$
$6 - 4$	$8 - 2$
$9 - 6$	$10 - 4$

 c) Erfinde Aufgaben und Umkehr- aufgaben.

6 Es geht auch anders: Bim zaubert erst dazu, Simsala zaubert dann weg.

$7 + 3 = 10$ $10 - 3 = 7$

... dazu

... weg

Aufgabe	Umkehraufgabe
$7 + 3 = 1\ 0$	$1\ 0 - 3 = 7$
$5 + 4 = 9$	$9 - 4 = $
...	...

7 Schreibe Aufgabe und Umkehraufgabe auf.

a)
$6 + 2$	$7 + 1$
$1 + 5$	$3 + 5$
$4 + 3$	$2 + 7$

b)
$3 + 4$	$8 + 2$
$2 + 3$	$6 + 3$
$5 + 2$	$5 + 4$

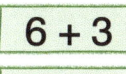 c) Erfinde Aufgaben und Umkehr- aufgaben.

Plusaufgaben bis 10 sammeln und ordnen

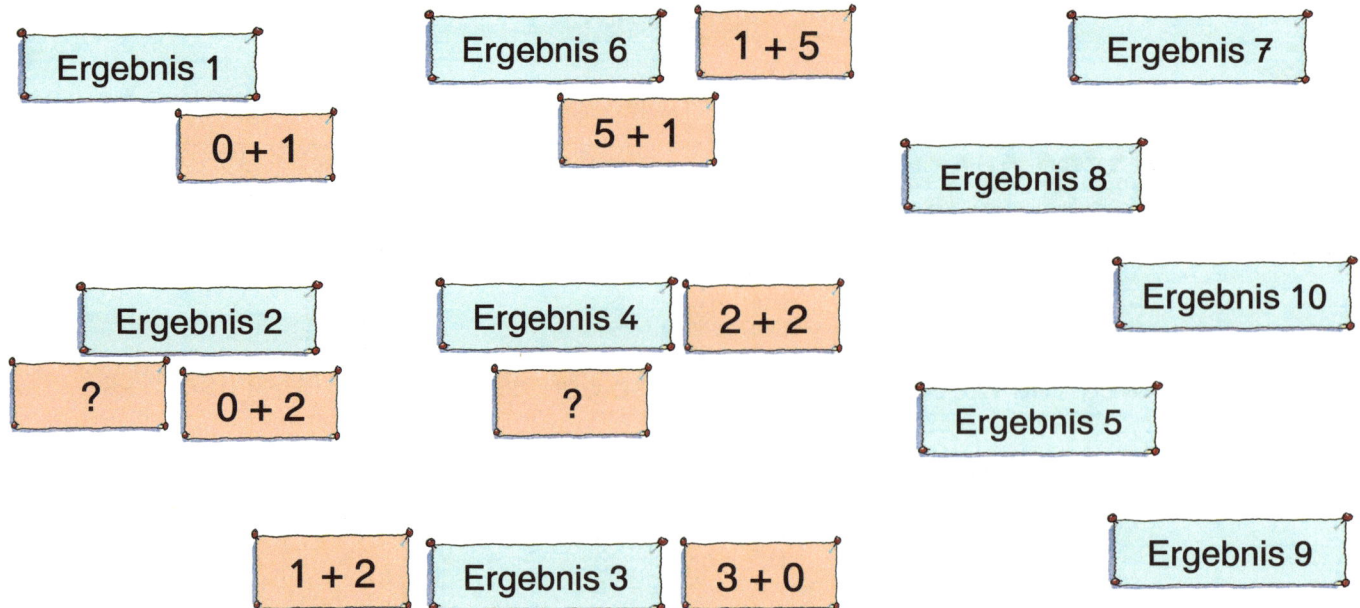

Ergebnis 1

0 + 1

Ergebnis 6 | 1 + 5

5 + 1

Ergebnis 7

Ergebnis 8

Ergebnis 2

? | 0 + 2

Ergebnis 4 | 2 + 2

?

Ergebnis 10

Ergebnis 5

1 + 2 | Ergebnis 3 | 3 + 0

Ergebnis 9

① Schreibt Plusaufgaben zu diesen Ergebnissen.

② Ordnet die Aufgaben. Vergleicht in der Gruppe.

③ So hat Simsala geordnet. Erkläre und ergänze.

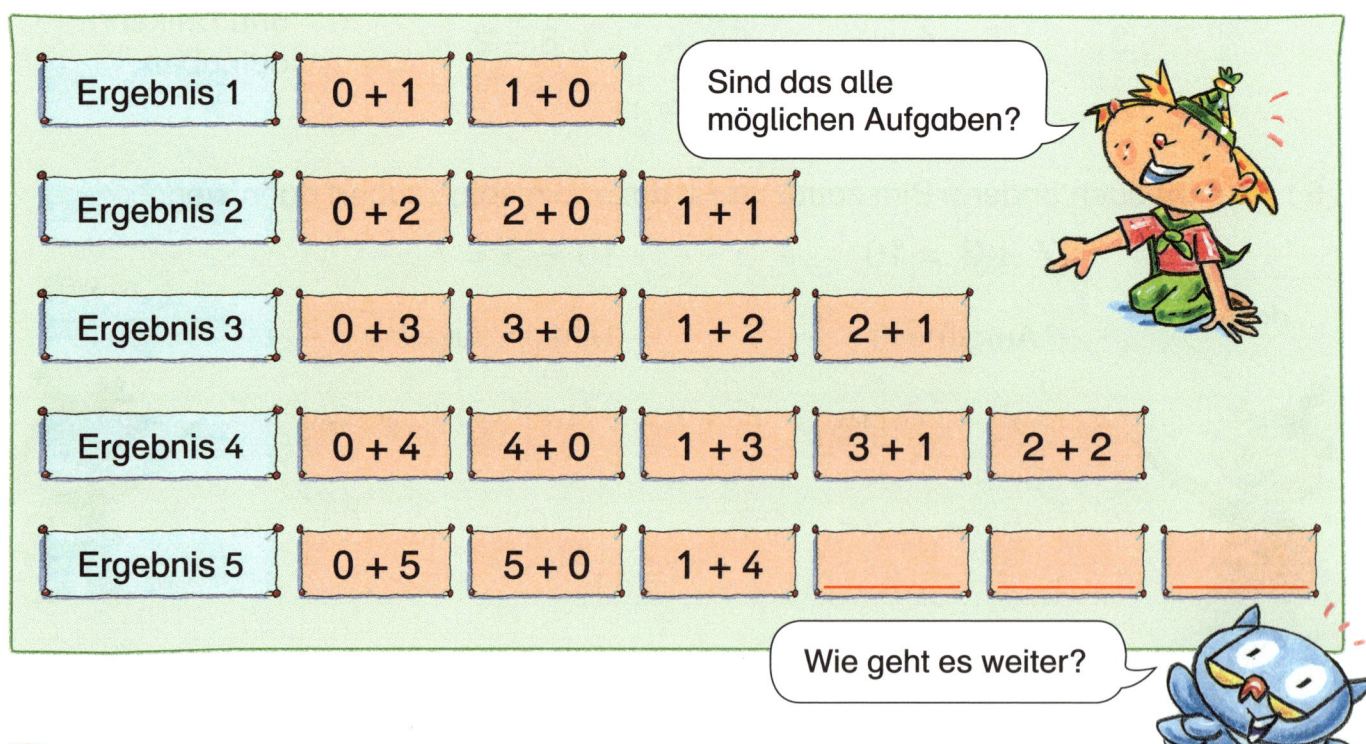

Ergebnis 1	0 + 1	1 + 0		
Ergebnis 2	0 + 2	2 + 0	1 + 1	
Ergebnis 3	0 + 3	3 + 0	1 + 2	2 + 1
Ergebnis 4	0 + 4	4 + 0	1 + 3	3 + 1	2 + 2
Ergebnis 5	0 + 5	5 + 0	1 + 4	___	___

Sind das alle möglichen Aufgaben?

Wie geht es weiter?

④ Schnell im Kopf: Immer 10

9 + 1   8 + 2   7 + 3   6 + ___   5 + ___

1 + 9   2 + ___   3 + ___   ___ + ___   ___ + ___

40

⑤ Schnell im Kopf: das Doppelte

1 + 1 = ___   2 + 2 = ___   3 + 3 = ___   4 + 4 = ___   5 + 5 = ___

⑥ Schnell im Kopf: Nachbaraufgaben

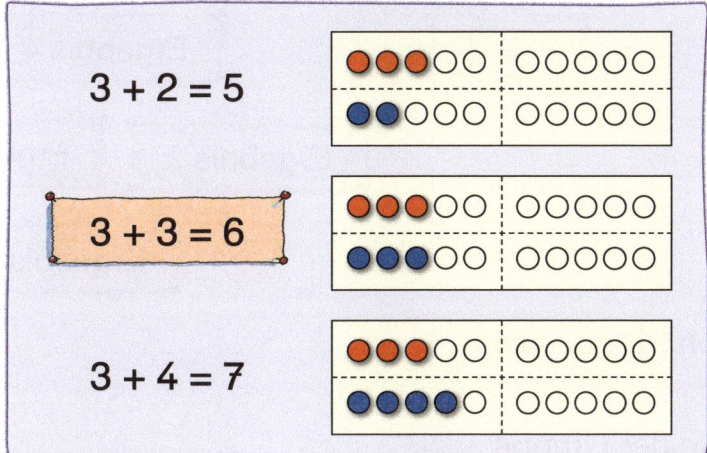

3 + 2 = 5

3 + 3 = 6

3 + 4 = 7

Schnell im Kopf: Verdoppeln und 1 mehr oder 1 weniger.

1 + 1 = ___   2 + 2 = ___   4 + 4 = ___   5 + 5 = ___

1 + 2 = ___   2 + 3 = ___   4 + 5 = ___   5 + 6 = ___

1 + 0 = ___   2 + 1 = ___   4 + 3 = ___   5 + 4 = ___

⑦ Schnell im Kopf

a) ⊕1 und ①⊕ Aufgaben

7 + 1 = ___   6 + 1 = ___   1 + 3 = ___   1 + 4 = ___   0 + 1 = ___

5 + 1 = ___   8 + 1 = ___   1 + 8 = ___   1 + 7 = ___   1 + 6 = ___

b) ⊕2 und ②⊕ Aufgaben

7 + 2 = ___   3 + 2 = ___   2 + 3 = ___   2 + 4 = ___   2 + 0 = ___

5 + 2 = ___   6 + 2 = ___   2 + 1 = ___   2 + 7 = ___   0 + 2 = ___

4 + 2 = ___   8 + 2 = ___   2 + 5 = ___   2 + 6 = ___   2 + 8 = ___

⑧ Schnell im Kopf: ⑤⊕ und ⊕⑤ Aufgaben

5 + 1 = ___   5 + 2 = ___   5 + 3 = ___   5 + 4 = ___   5 + 5 = ___

1 + 5 = ___   2 + 5 = ___   3 + 5 = ___   4 + 5 = ___   5 + 0 = ___

⑨ Welche Plusaufgaben findest du schwierig? Schreibe in dein .

Minusaufgaben bis 10 sammeln und ordnen

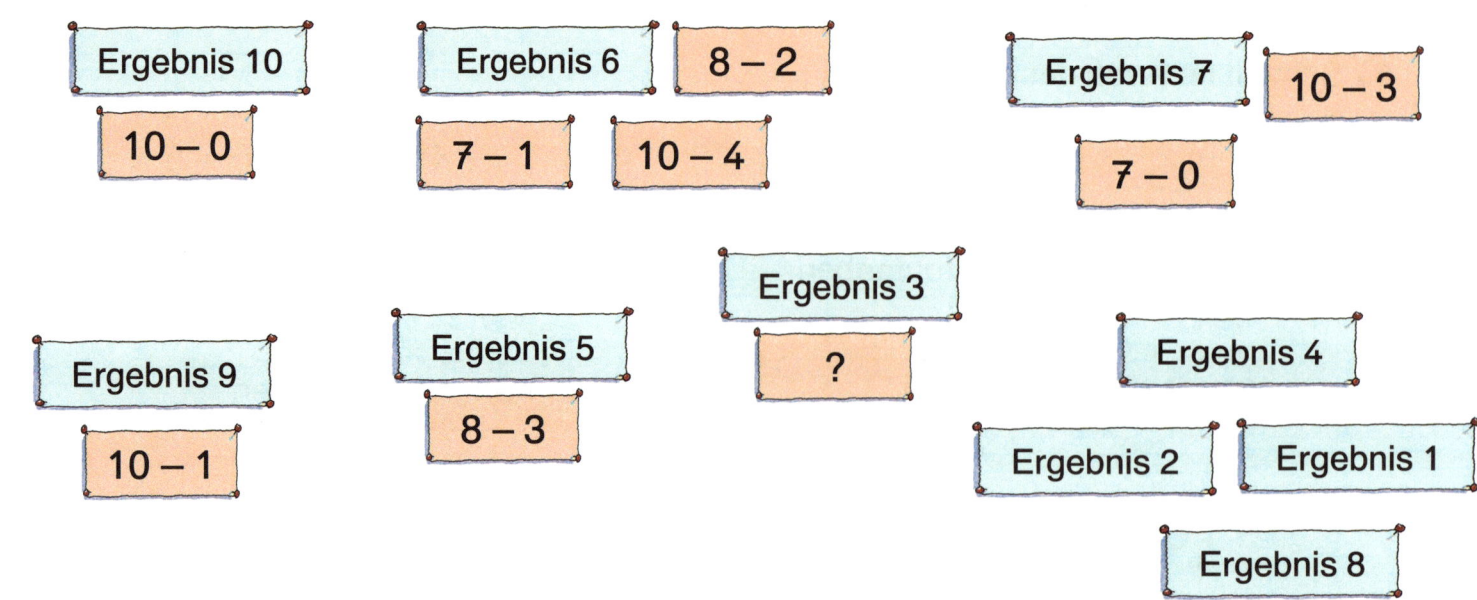

Ergebnis 10

10 – 0

Ergebnis 6   8 – 2

7 – 1   10 – 4

Ergebnis 7   10 – 3

7 – 0

Ergebnis 9

10 – 1

Ergebnis 5

8 – 3

Ergebnis 3

?

Ergebnis 4

Ergebnis 2   Ergebnis 1

Ergebnis 8

① Schreibt Minusaufgaben zu diesen Ergebnissen.

② Ordnet die Aufgaben. Vergleicht in der Gruppe.

③ So hat Bim geordnet. Erkläre und ergänze.

Ergebnis 10   10 – 0

Sind das alle möglichen Aufgaben?

Ergebnis 9   9 – 0   10 – 1

Ergebnis 8   8 – 0   9 – 1   10 – 2

Ergebnis 7   7 – 0   8 – 1   9 – 2   10 – 3

Wie geht es weiter?

Ergebnis 6   6 – 0   7 – 1   8 – 2   _____   _____

④ Schnell im Kopf: Minusaufgaben mit 10 und Nachbaraufgaben

$10 - 1 =$ ___ $10 - 2 =$ ___ $10 - 3 =$ ___ $10 - 4 =$ ___

$9 - 1 =$ ___ $9 - 2 =$ ___ $9 - 3 =$ ___ $9 - 4 =$ ___

$10 - 6 =$ ___ $10 - 7 =$ ___ $10 - 8 =$ ___ $10 - 9 =$ ___

$9 -$ ___ $=$ ___ $9 -$ ___ $=$ ___ $9 -$ ___ $=$ ___ $9 -$ ___ $=$ ___

(5) Schnell im Kopf: die Hälfte

10	8	6	4	2

_5_ + _5_   ___ + ___   ___ + ___   ___ + ___   ___ + ___

$10 - 5 =$ ___ $8 - 4 =$ ___ $6 - 3 =$ ___ $4 - 2 =$ ___ $2 - 1 =$ ___

(6) Schnell im Kopf: Aufgaben mit -0, -1 und -2

a) $1 - 0 =$ ___ $2 - 0 =$ ___ $3 - 0 =$ ___ $4 - 0 =$ ___

     $6 - 0 =$ ___ $7 - 0 =$ ___ $8 - 0 =$ ___ $9 - 0 =$ ___

b) $10 - 1 =$ ___ $9 - 1 =$ ___ $8 - 1 =$ ___ $7 - 1 =$ ___

     $5 - 1 =$ ___ $4 - 1 =$ ___ $3 - 1 =$ ___ $2 - 1 =$ ___

c) $7 - 2 =$ ___ $2 - 2 =$ ___ $9 - 2 =$ ___ $8 - 2 =$ ___

     $6 - 2 =$ ___ $4 - 2 =$ ___ $3 - 2 =$ ___ $5 - 2 =$ ___

(7) Schnell im Kopf: Aufgaben mit Ergebnis | 5 |

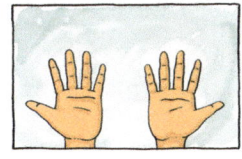  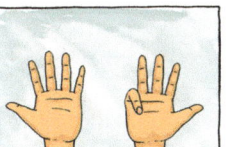 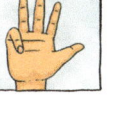 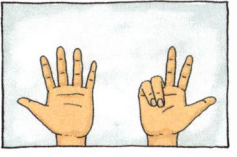 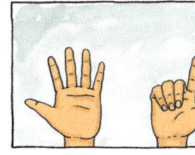 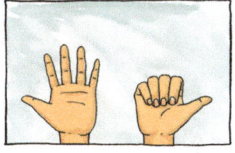

$10 - 5$ $9 -$ ___   ___ $-$ ___   ___ $-$ ___   ___ $-$ ___

(8) Aufgaben mit Ergebnis | 1 | oder | 2 | : Rechne. Was fällt dir auf?

Ergebnis 1	$8 - 7$	$7 - 6$	$6 - 5$	$5 - 4$	$4 - 3$
Ergebnis 2	$5 - 3$	$6 - 4$	$7 - 5$	$8 - 6$	$9 - 7$

Mir fällt auf, dass, …

Die erste Zahl …

Die zweite Zahl …

(9) Welche Minusaufgaben findest du schwierig? Schreibe in dein .

Drei Zahlen – vier Aufgaben

2 Plusaufgaben

3 6 9

3 + 6 = 9   9 − 6 = 3

6 + 3 = 9   9 − 3 = 6

2 Minusaufgaben

1 Lege die Karten wie Simsala und Bim. Erkläre.
Schreibe die Rechnungen auf.

a)

| 4 | 9 | 5 |

4 + 5 = *9*

5 + ___ = ___

9 − ___ = ___

9 − ___ = ___

b)

| 8 | 3 | 5 |

3 + 5 = ___

5 + ___ = ___

8 − ___ = ___

8 − ___ = ___

c)

| 6 | 2 | 4 |

2 + 4 = ___

4 + ___ = ___

6 − ___ = ___

6 − ___ = ___

2 Schreibe die Rechnungen auf.

a)

9	2	7
2	5	7
6	10	4
8	1	7

b)

1	2	3
8	6	2
6	1	5
6	1	7

⭐ c)

10	7	3
11	9	2
6	11	5
5	12	7

3 Deine Zahlen:  ? ? ?

④ 3 Zahlen – wie viele Aufgaben? Erkläre.

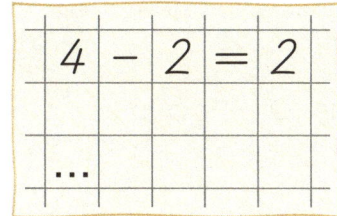

$$4 - 2 = 2$$
...

Ist das hier genauso?

⑤ Wie heißt die dritte Zahl? Es gibt immer 2 Möglichkeiten.
Erkläre.

7 ? 3

10 passt.

4 auch.

2	?	8
3	4	?
?	1	9
5	2	?

Schreibe die Rechnungen zu beiden Möglichkeiten auf.

⭐ ⑥ Findest du immer 4 Aufgaben?
Falls nicht: Ändere eine Zahl so, dass 4 Aufgaben möglich sind.

Hier gibt es mehrere Möglichkeiten!

a)

4	3	7	✓
8	2	~~5~~	6
1	8	6	__
5	2	8	__

b)

5	8	4	__
8	1	7	__
4	10	6	__
9	1	7	__

c)

6	9	3	__
3	5	7	__
6	8	2	__
3	2	6	__

45

Rechnen mit Ziffernkarten

  0 1 2 3 4 5 6 7 8 9

> Verwende jede Ziffernkarte pro Aufgabe nur einmal!

① Bilde aus 2 Karten Plusrechnungen.

z. B. 6 + 3

Schreibe so:

$6 + 3 = 9$

Lege nun selbst Aufgaben mit deinen Ziffernkärtchen.

② Bilde aus 2 Karten Minusrechnungen.

z. B. 6 − 3

Schreibe so:

$6 - 3 = 3$

Lege nun selbst Aufgaben mit deinen Ziffernkärtchen.

③ Zielzahl 10

z. B. 6 + 4

Schreibe so:

$6 + 4 = 10$

a) Bilde möglichst viele Rechnungen.

b) Ordnet eure Aufgaben. Habt ihr alle gefunden? Erklärt.

④ Zielzahl 20

z. B. 1 6 + 4

z. B. 1 2 + 8

Schreibe so:

$16 + 4 = 20$

$12 + 8 = $

a) Bilde möglichst viele Rechnungen.

b) Vergleicht. Beschreibt, wie ihr vorgegangen seid.

(5)

Zahlen tauschen

Wähle 2 Ziffernkarten. Bilde daraus eine Plusrechnung.

z.B. 2 + 5

Tausche jetzt die beiden Zahlen. Rechne.

z.B. 5 + 2   Schreibe so:

| 2 | + | 5 | = | 7 |
| 5 | + | 2 | = | |

Was stellst du fest?
Warum ist das so?

 **(6)**

Verwandte Plus- und Minusaufgaben

Wähle 3 Ziffernkarten so, dass du daraus eine Plusrechnung bilden kannst.

z.B. 2 + 5 = 7

Dein Partner bildet mit den gleichen Zahlen eine Minusrechnung.

z.B. 7 − 5 = 2

Schreibt beide Rechnungen auf.

  (7)

Viele Rechnungen

Lege alle 10 Ziffernkarten vor dich hin. Bilde mit 3 Karten eine Rechnung.

z.B. 2 + 5 = 7

Bilde aus den restlichen Karten noch eine Rechnung.

z.B. 1 + 8 = 9

Kannst du auch 3 Rechnungen legen?

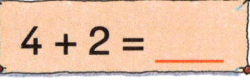

Welches Fest feierst du gerne?

 1 Rechengeschichten sind überall. Erzählt.

a) Sucht Plusaufgaben.

3 + 3 = ___

4 Ballons hängen, Lisa hängt noch 2 dazu.

4 + 2 = ___

b) Sucht auch Minusaufgaben.

Es waren 6 Bonbons auf dem Tisch. 2 wurden schon gegessen.

6 – 2 = ___

?

___ + ___ = ___

2 a) Erzähle und rechne.

3 + _____   _____   _____

 b) Zeichne ein eigenes Bild. Schreibe dazu Rechnungen.

3 Was ist passiert? Erzähle und rechne.

a)

$\underline{5}$ — $\underline{}$ = $\underline{3}$

b)

$\underline{}$ + $\underline{}$ = $\underline{}$

c)

$\underline{}$ $\underline{}$ = $\underline{}$

d)
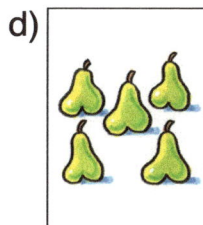  

$\underline{}$ $\underline{}$ = $\underline{}$

e) Denke dir selbst Aufgaben aus.

4 Erzähle und rechne. Passen mehrere Aufgaben? Begründe.

$5 - 2 =$ _____ _____ _____

$3 + 2 =$ _____ _____ _____

5 Rechne. Male oder schreibe zu einigen Rechnungen Geschichten.

a) $9 - 3 =$ ___ b) $5 + 3 =$ ___ c) 1 ___ $= 5$ d) 10 ___ $= 2$

$7 - 5 =$ ___ $2 + 6 =$ ___ 3 ___ $= 8$ 5 ___ $= 11$

$5 + 2 =$ ___ $8 - 4 =$ ___ 7 ___ $= 4$ 12 ___ $= 6$

e) Stelle deine Aufgaben anderen Kindern vor.

Aus 3 wird 5,
aus 2 wird 4,
aus 7 wird …

① Wie heißt die Zauberregel? Finde weitere Zahlenpaare.
Simsala legt und schreibt so:

② Wie wird hier gezaubert? Schreibe auf. Finde weitere Zahlenpaare.

a)

b)

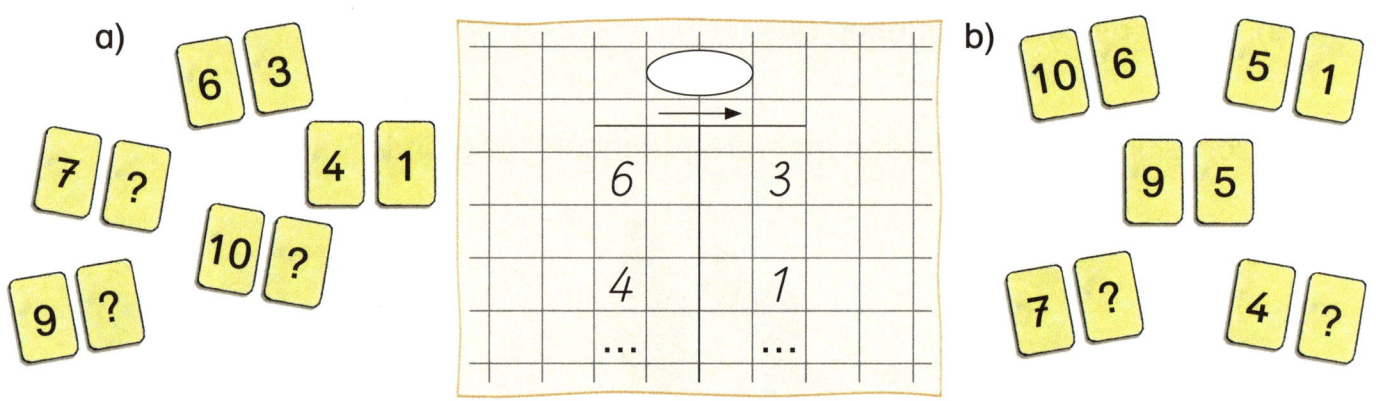

③ Finde Zahlenpaare zu diesen Zauberregeln.

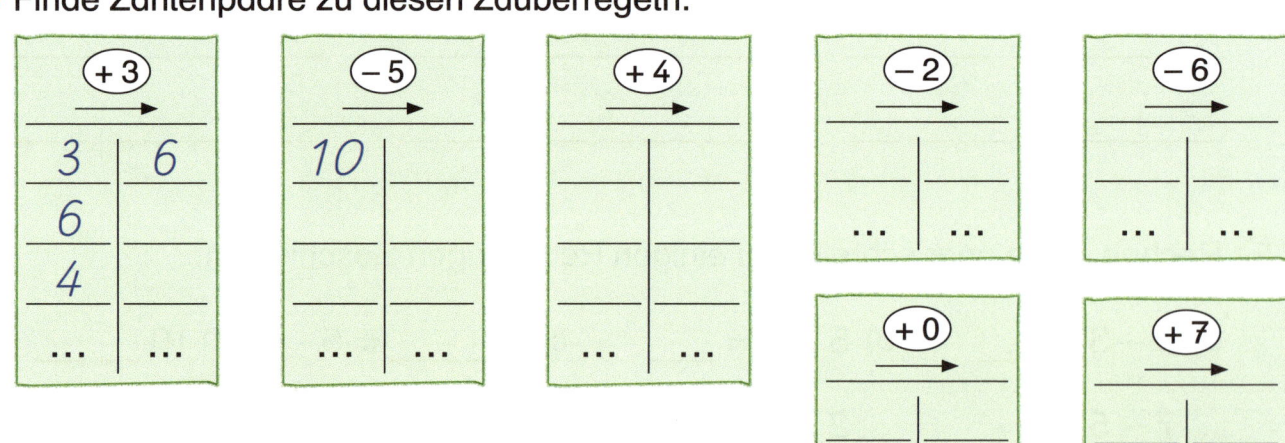

 ④ Erfinde selbst Zahlenpaare.
Dein Partner nennt die Regel.

5 Finde die erste oder zweite Zahl.

a) Zauberregel (+ 5)

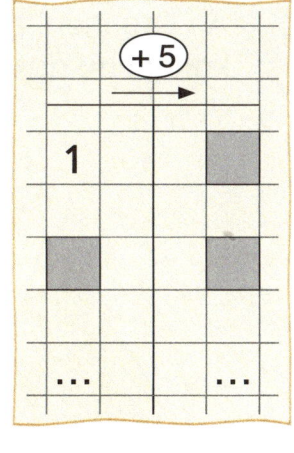

b) Zauberregel (− 4)

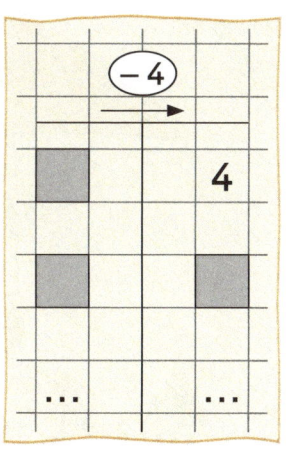

6 Rechne und kontrolliere.

5 + 2 = 7
3 + 2 = 5
9 + 2 = …
Da stimmt etwas nicht!

a)
(+ 2)

5	
3	
	7
	10

b)
(− 3)

6	
	6
8	

c)
(+ 3)

6	
	10
	3

7 Hier sind zwei Zauberregeln durcheinandergeraten.
Färbe mit 2 Farben.

Vorlesen
Ein Viereck hat vier Ecken,
das weiß doch jedes Kind.
An Drachen, Heft und Fenster
kannst du das seh'n geschwind.

Vorlesen

Drei Ecken kannst du finden
am Haus, am Schirm, am Baum,
doch so ein Dreiecksvogel
erscheint dir nur im Traum.

1 Betrachtet die Bilder oben. Wo entdeckt ihr diese Formen?

 Dreieck

 Viereck

 Kreis

2 Figuren aus Vierecken, Dreiecken und Kreisen: Beschreibe.

Kuh Elsa

Scharfzahn

Käpt'n Blaubärs
Traumboot

Brülli

Zeichne freihändig oder mit Lineal.
Schneide Formen aus und klebe Figuren in dein .

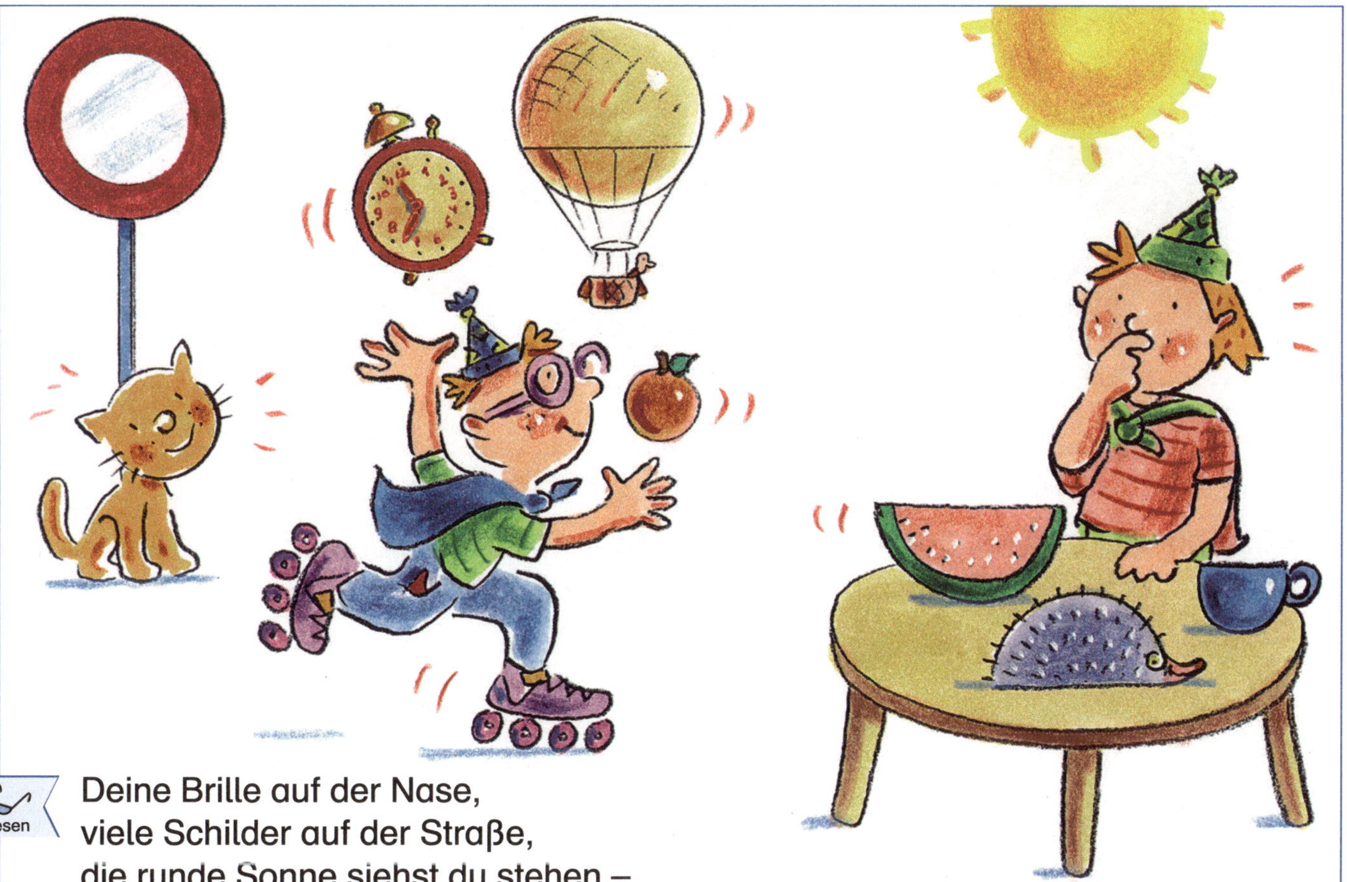

Deine Brille auf der Nase,
viele Schilder auf der Straße,
die runde Sonne siehst du stehen –
wo kannst du sonst noch Kreise sehen?

③ Nanu? Was meinst du dazu?

… eckig …　　… rund …

④ Kreise ◯, Vierecke ▢, Dreiecke △

◯ Kreise	▢ Vierecke	△ Dreiecke

Macht eine Ausstellung.

Flächenformen

① Bim hat Flächen ausgeschnitten und sortiert.

　a) Erkläre.

　b) Finde Namen für jede Gruppe.

Rechts oben liegen …

Die Flächen links haben …

… hat … Seiten.

… hat … Ecken.

② Alles │ Vierecke │

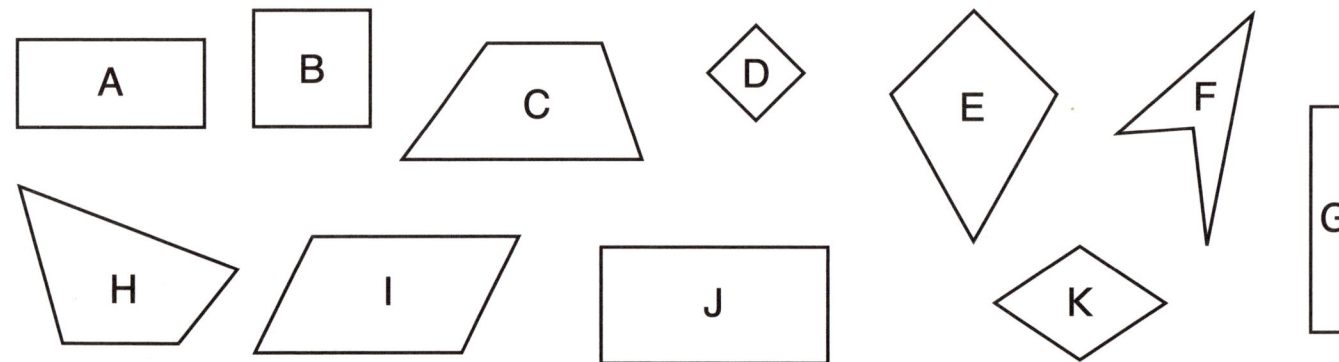

　a) Beschreibe: Was haben sie gemeinsam? Wie unterscheiden sie sich?

　b) Schneidet Vierecke aus. Wie könnt ihr sie sortieren?

③ Falte einen Eckenmesser.

Eine „besondere Ecke"!

Suche Vierecke mit „besonderen Ecken".

4 Sortiert eure Vierecke so:

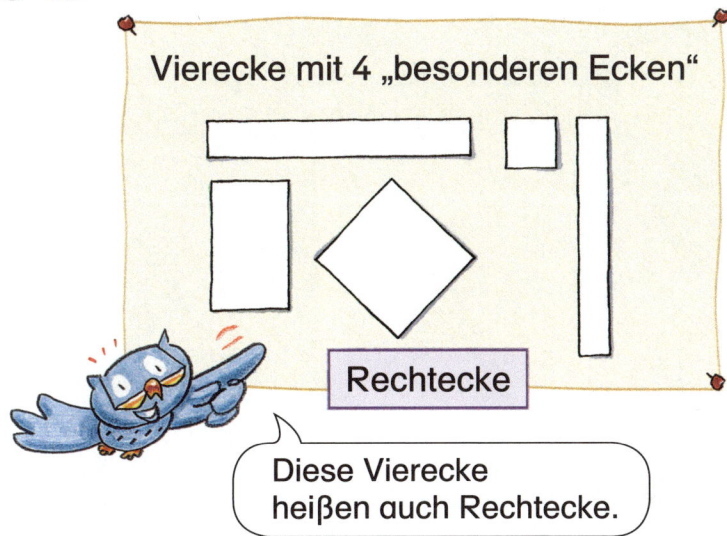

Vierecke mit 4 „besonderen Ecken"

Rechtecke

Diese Vierecke heißen auch Rechtecke.

Andere Vierecke

 5 Was ist an diesen Rechtecken besonders?

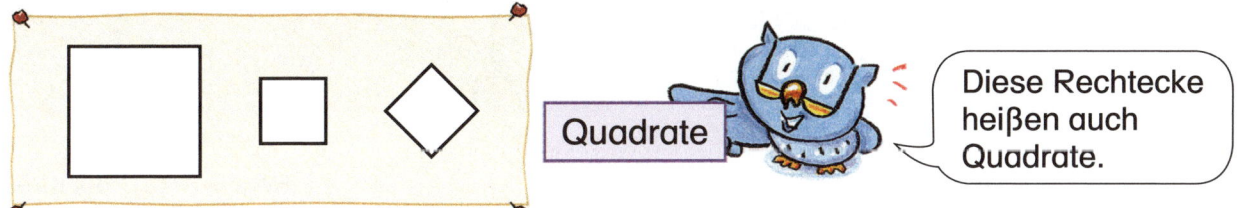

Quadrate

Diese Rechtecke heißen auch Quadrate.

Malt alle Quadrate auf euren Plakaten aus.

6 a) Erkläre.

Vierecke

Rechtecke

Quadrate

… sind Flächen mit …

Sie haben …

… sind Vierecke mit …

?

b) Zeichne verschiedene Vierecke in dein 📖. Färbe alle Rechtecke. Kreise alle Quadrate ein.

7 a) Betrachte dieses Kunstwerk. Was fällt dir auf?

b) Wo entdeckst du Vierecke, Dreiecke und Kreise?

c) Wo entdeckst du Rechtecke, wo Quadrate?

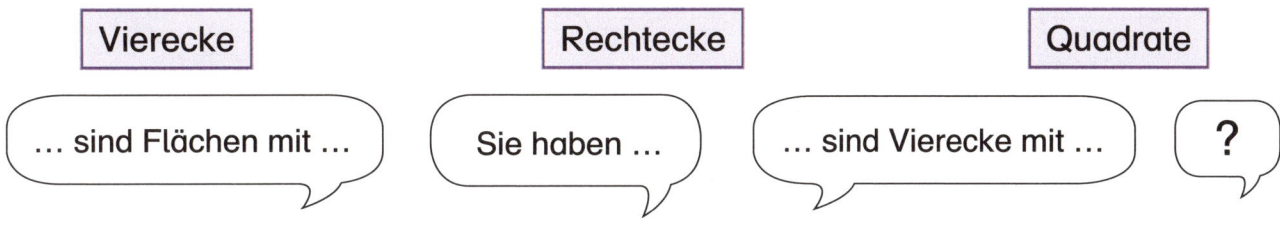 d) Gestaltet ein ähnliches Kunstwerk.

Konfetti
Wolfgang Achmann, 2002

55

Rote Brücke, Paul Klee, 1928

(1) Welche Formen erkennst du?
Welche fallen dir besonders auf?

Ein schwarzes
Dreieck steht …

Die rote Brücke
hat … Ecken.

Der rosarote Turm
mit dem Dach hat
… Seiten.

?

 (2) Stellt Formen als Stempel her. Druckt ähnliche Bilder wie in **(1)**.

Tauscht dabei
eure Stempel!

③ So geht es auch: Gestalte Bilder.

Klötzchen als Schablonen

freihändig

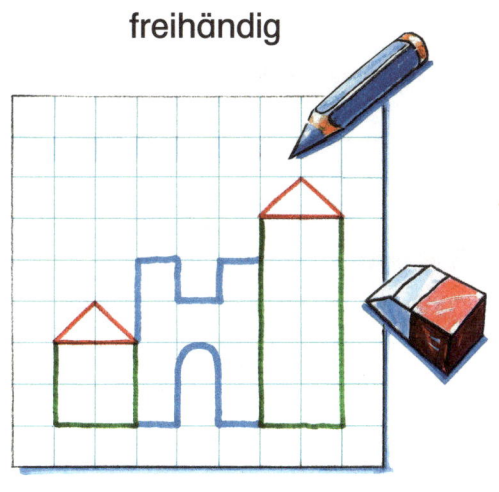

④ Gestaltet ein Bild.

⑤ a) Kinder haben diese Bilder gemacht. Erkläre.

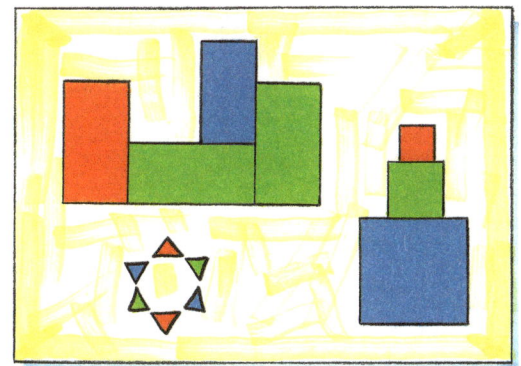

b) Habt ihr noch eine andere Idee, wie ihr ordnen könnt?
Zeichnet oder stempelt ähnliche Bilder wie in ⑤ a).

57

1 Immer 10: Welche Zahl fehlt? Schreibe auf.

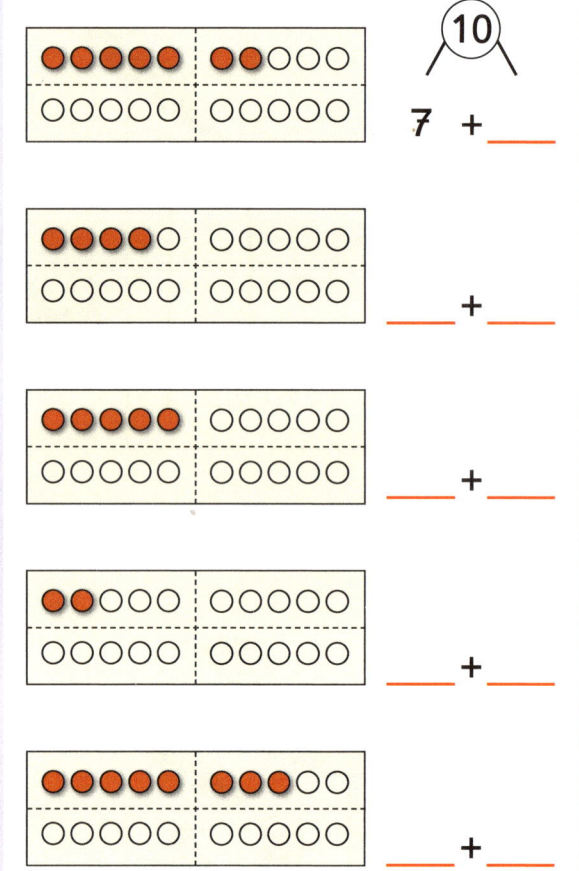

7 + ___

___ + ___

___ + ___

___ + ___

___ + ___

___ + ___

___ + ___

___ + ___

___ + ___

___ + ___

2 Immer 9: Welche Zahl fehlt? Schreibe auf.

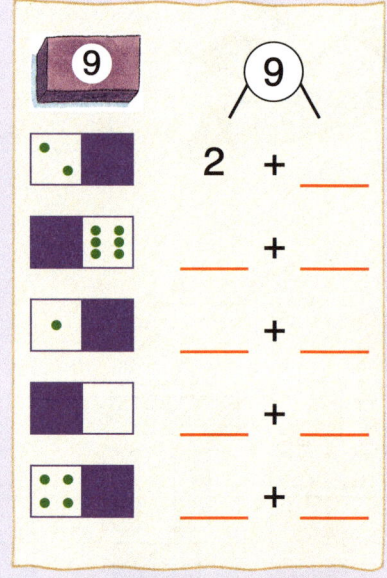

2 + ___

___ + ___

___ + ___

___ + ___

___ + ___

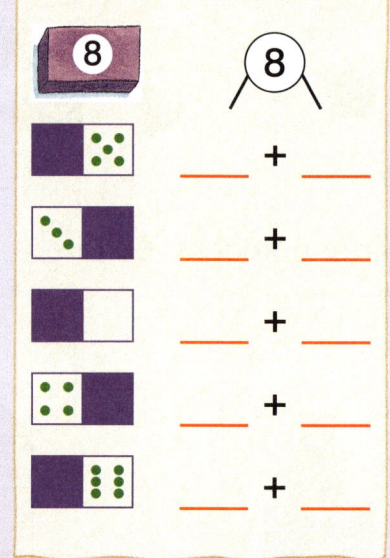

___ + ___

___ + ___

___ + ___

___ + ___

___ + ___

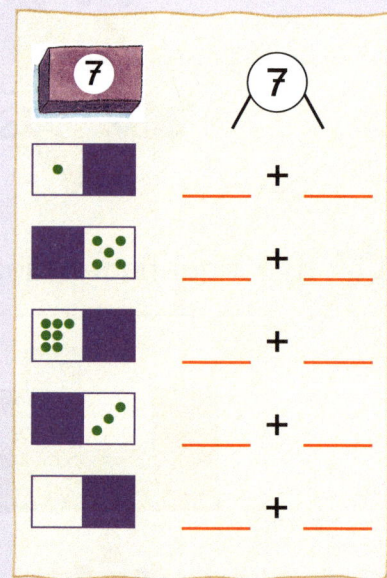

___ + ___

___ + ___

___ + ___

___ + ___

___ + ___

3 Schreibe alle Zerlegungen der Zahlen von 1 bis 10 in dein 📖.

4 Das Doppelte und Nachbaraufgaben

4 + 4 = ___   3 + 3 = ___   5 + 5 = ___

4 + 3 = ___   3 + 4 = ___   5 + 6 = ___

4 + 5 = ___   3 + 2 = ___   5 + 4 = ___

$4 + 4 =$ ▨

5 Schnell im Kopf: die Hälfte von …

2	8	6	4	10
_1_ + _1_	___ + ___	___ + ___	___ + ___	___ + ___
2 − 1 = ___	8 − 4 = ___	6 − 3 = ___	4 − 2 = ___	10 − 5 = ___

6 Rechne.

a) 5 + 1 = ___   b) 10 − 5 = ___   c) 6 + 3 = ___   d) 7 − 6 = ___

5 + 3 = ___   8 − 3 = ___   3 + 4 = ___   8 − 7 = ___

4 + 5 = ___   6 − 1 = ___   2 + 7 = ___   6 − 5 = ___

7 3 Zahlen – 4 Aufgaben

a) Schreibe die Rechnungen auf.

b) Wie heißt die dritte Karte?
Es gibt jeweils 2 Möglichkeiten.
Schreibe die Rechnungen auf.

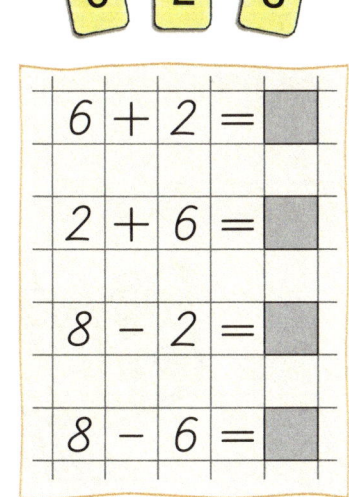

6 + 2 = ▨

2 + 6 = ▨

8 − 2 = ▨

8 − 6 = ▨

1 Ein Bild – viele Geschichten – viele Rechnungen

a) Erzähle Geschichten zum Bild.

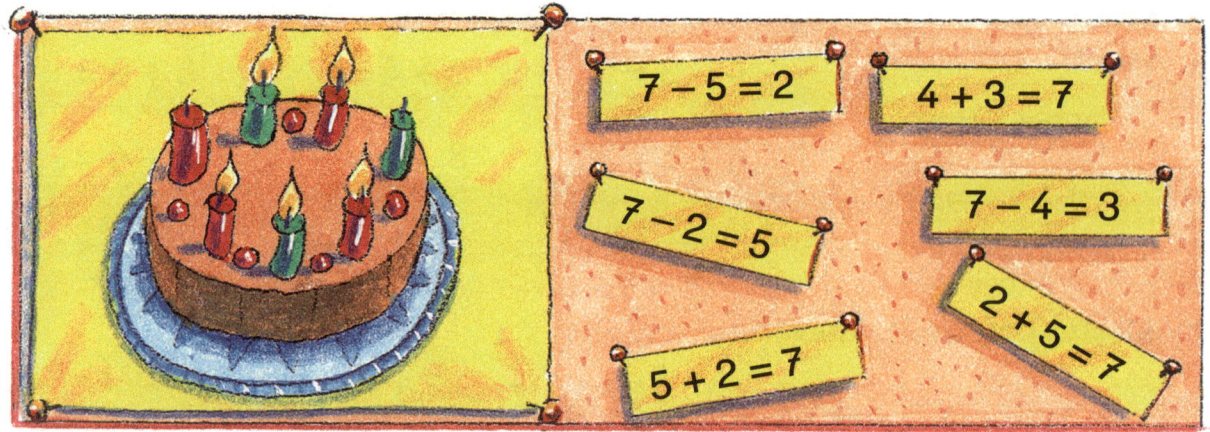

b) Finde zu jeder Rechnung die passende Geschichte.

2 Finde zu jedem Bild verschiedene Geschichten.
Schreibe die Rechnungen auf.

$3 +$ _____ _____ _____

_____ _____ _____

3 Welche Rechnungen passen zu den Bildern? Färbe sie und rechne.

a)

2 + 4 = ___	4 + 2 = ___
7 − 3 = ___	6 − 2 = ___

b)

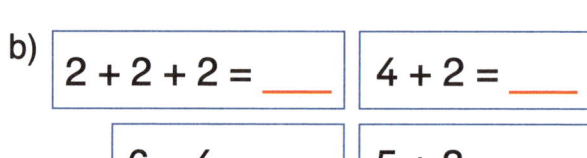

2 + 2 + 2 = ___	4 + 2 = ___
6 − 4 = ___	5 + 3 = ___

4 Welche Bilder passen? Kreise ein.

a)

2 + 5 = ___

b)

6 − 3 = ___

c)

1 + 4 = ___

  5 Malt Bilder zu den Rechnungen.

| 2 + 6 = 8 | 9 − 4 = 5 | 4 − 3 = 1 |

Legt eure Bilder zu den Aufgaben.
Erzählt und vergleicht.

6 Welche Geschichten passen zu | 2 + 4 = ___ | ? Kreuze an.

Susi hat 2 Mathehefte
und 4 Schreibhefte.

Wie viele Hefte
hat sie?

☐

Fatima hat 4 Luft-
ballons. 2 Ballons
platzen.

Wie viele Ballons
hat sie noch?

☐

Im Hof sind 4 Katzen
und 2 Hunde.

Wie viele Tiere
sind das?

☐

7 Welche Geschichten passen zu | 7 − 3 = ___ | ? Kreuze an.

Uli hat 7 Murmeln.
3 Murmeln verschenkt
er.

Wie viele Murmeln hat
er nun?

☐

Auf der Wiese stehen
7 Schafe. 3 laufen weg.

Wie viele Schafe sind
es jetzt?

☐

Adrian hat 7 Autos.
Seine Oma schenkt
ihm noch 3.

Wie viele Autos hat
Adrian nun?

☐

① Wie ist eine Zahlenmauer aufgebaut? Überlege und erkläre.
Welche Zahl gehört in den Zielstein?

② Rechne.

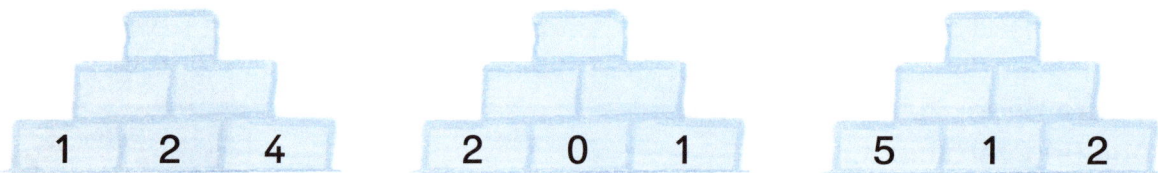

③ a) Gleiche Grundsteine – verschiedene Mauern. Rechne.
Finde noch weitere Mauern. Was fällt dir auf? Erkläre.

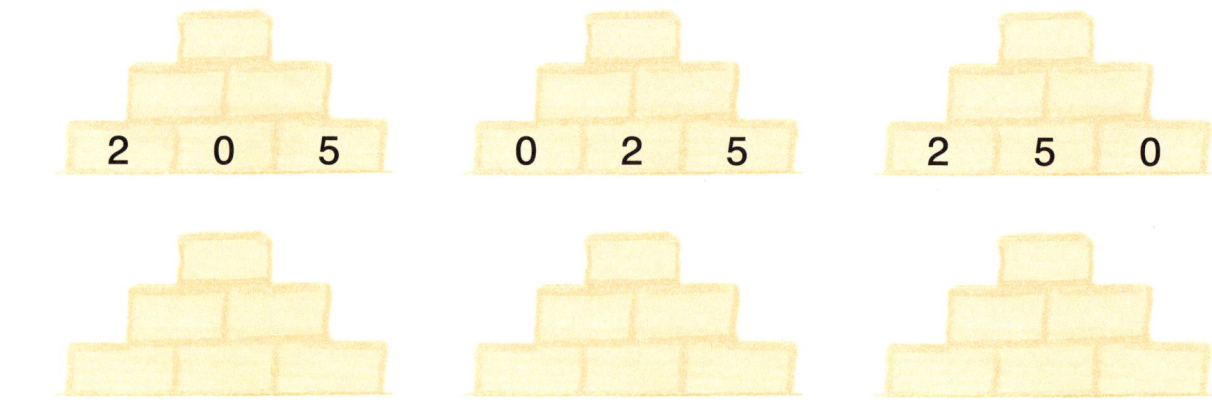

b) Wähle eigene Grundsteine und bilde verschiedene Mauern.

④ Baue mit diesen Grundsteinen.

⭐ Erkläre: Wie entsteht oben …
a) … die größte Zahl?
b) … die kleinste Zahl?

Überprüfe deine Regel mit
anderen Grundsteinen.

5 Welche Zahlen fehlen? Erkläre, wie du rechnest.

Ich rechne hier 6 − 3.

___ + 6 = 10?

6 Rechne.

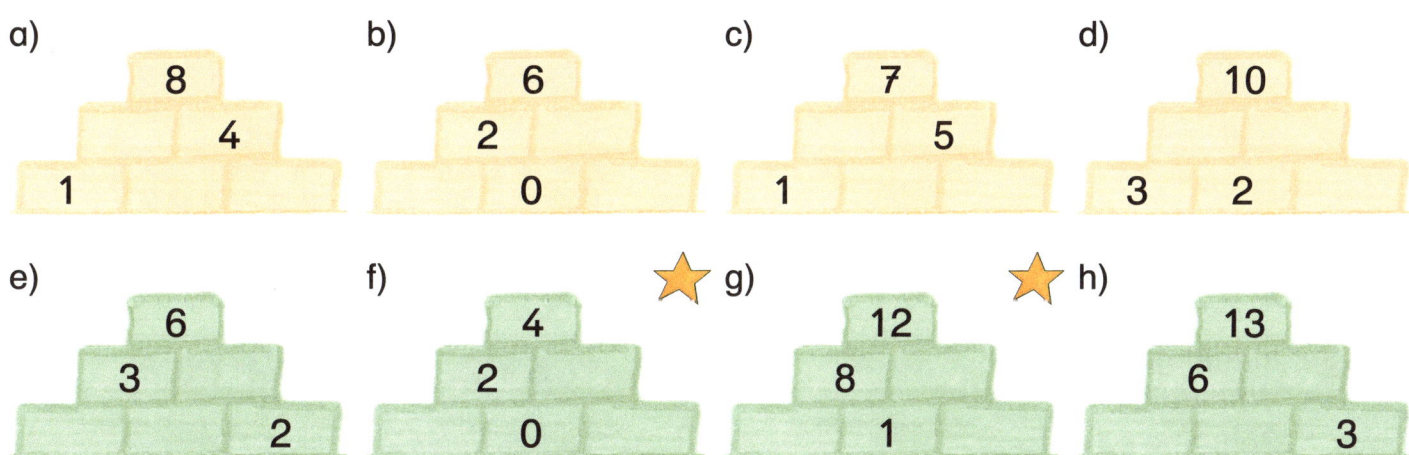

a)
```
  8
   4
1
```

b)
```
  6
 2
   0
```

c)
```
  7
   5
1
```

d)
```
  10
 3  2
```

e)
```
  6
 3
   2
```

f)
```
  4
 2
   0
```

⭐ g)
```
  12
 8
   1
```

⭐ h)
```
  13
 6
    3
```

7 Zielstein 8

a) Suche für jede Mauer verschiedene Lösungen. Schreibe in dein Heft.

```
  8
 4  4
```
```
  8
 5  3
```
```
  8
 6  2
```
```
  8
```

b) Erkläre deinem Partner, wie du vorgegangen bist.

8 Findet möglichst viele Mauern mit dem Zielstein 5.
Vergleicht eure Mauern. Ordnet sie.

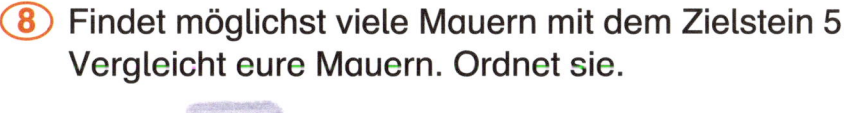

```
  5
```

⭐ Findet ihr in der Klasse alle
Mauern mit diesem Zielstein?

9 Wähle Zielsteine und erfinde Zahlenmauern in deinem 📖.

Links und rechts – immer gleich viel

①  Was haben die linke und die rechte Schachtel gemeinsam?

② Immer gleich viel:
Verbinde.
Schreibe so auf:

$$3 + 3 = \boxed{} + \boxed{}$$

Was bedeutet hier $=$?

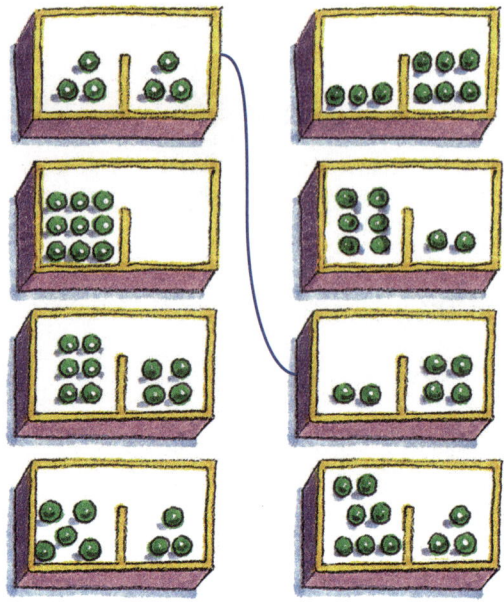

③ Immer gleich viel:
Verbinde.
Schreibe so auf:

$$5 + 2 = \boxed{} + \boxed{}$$

$$5 + 2 = \boxed{} + \boxed{}$$
  7   7

Ich schreibe es mir so auf.

5 + 2	1 + 0
7 + 3	0 + 3
2 + 1	4 + 5
4 + 1	8 + 2
0 + 1	6 + 1
7 + 2	3 + 2

④ Auch hier immer gleich viel? Erkläre.

$5 + 2 = 10 - 3$ $8 - 1 = 3 + 4$ $6 - 2 = 10 - 6$

⑤ Finde passende Rechnungen.

$6 + 3 = \underline{} - \underline{}$ $7 + 3 = \underline{} + \underline{}$ $7 + 0 = \underline{} - \underline{}$

$8 - 5 = \underline{} + \underline{}$ $6 - 5 = \underline{} - \underline{}$ $\underline{} + \underline{} = \underline{} - \underline{}$

6 Immer gleich viel: links eine Zahl – rechts eine Rechnung

  $6 = 4 + 2$

a) $6 = \underline{4} + \underline{2}$ b) $8 = \underline{\ \ } + \underline{\ \ }$ c) $10 = \underline{\ \ } + \underline{\ \ }$ d) $12 = \underline{\ \ } + \underline{\ \ }$

$6 = \underline{\ \ } + \underline{\ \ }$ $8 = \underline{\ \ } + \underline{\ \ }$ $10 = \underline{\ \ } + \underline{\ \ }$ $12 = \underline{\ \ } + \underline{\ \ }$

…   …   …   …

 Wie viele Aufgaben findest du zu einem Ergebnis? Vergleicht.

7 Wie viele Kugeln sind verdeckt? Überlege.

$7 = \underline{\ \ } + 2$

 Nehmt eure Schüttelschachteln und stellt euch Aufgaben.

8 Immer gleich viel: Welche Zahl fehlt?

a)

$7 = \underline{\ \ } + 3$	$8 = \underline{\ \ } + 1$	$6 = 0 + \underline{\ \ }$	$9 = 4 + \underline{\ \ }$
$7 = \underline{\ \ } + 4$	$8 = \underline{\ \ } + 6$	$6 = 5 + \underline{\ \ }$	$9 = 8 + \underline{\ \ }$
$7 = \underline{\ \ } + 1$	$8 = \underline{\ \ } + 4$	$6 = 3 + \underline{\ \ }$	$9 = 2 + \underline{\ \ }$

b) Schüttle Aufgaben. Schreibe in dein 📙.

9 Rechne. Was fällt dir auf? Finde jeweils die nächste Aufgabe.

$3 + \underline{\ \ } = 9$	$6 + \underline{\ \ } = 7$	$\underline{\ \ } + 1 = 10$	$\underline{\ \ } + 10 = 11$
$4 + \underline{\ \ } = 9$	$5 + \underline{\ \ } = 7$	$\underline{\ \ } + 2 = 10$	$\underline{\ \ } + 9 = 11$
$5 + \underline{\ \ } = 9$	$4 + \underline{\ \ } = 7$	$\underline{\ \ } + 3 = 10$	$\underline{\ \ } + 8 = 11$
$\underline{\ \ } + \underline{\ \ } = \underline{\ \ }$	$\underline{\ \ } + \underline{\ \ } = \underline{\ \ }$	$\underline{\ \ } + \underline{\ \ } = \underline{\ \ }$	$\underline{\ \ } + \underline{\ \ } = \underline{\ \ }$

10 Immer gleich viel: Welche Zahl fehlt?

$3 + 5 = \underline{\ \ } + 4$ $1 + \underline{\ \ } = 5 + 2$ $6 + 4 = 5 + \underline{\ \ }$

$2 + 7 = 6 + \underline{\ \ }$ $\underline{\ \ } + 8 = 3 + 6$ $\underline{\ \ } + 7 = 9 + 2$

Dominosteine vergleichen

① Spielt und schreibt auf: (>) (<) (=).

☆ $5 + 2 > 3 + 1$
  $7 4$

② Vergleiche mit: (>) (<) (=). Wer hat gewonnen?

$3 + 4 < 6 + 2$ ✓
$2 + 2 \bigcirc 4 + 1$
$6 + 5 \bigcirc 5 + 0$
$4 + 3 \bigcirc 4 + 5$

$6 + 4 \bigcirc 5 + 4$
$3 + 2 \bigcirc 2 + 0$
$2 + 2 \bigcirc 2 + 3$
$4 + 2 \bigcirc 5 + 1$

③ Welches Zeichen passt? Siehst du es, ohne zu rechnen? Begründe.

$3 + 4 \bigcirc 4 + 4$ $6 + 3 \bigcirc 6 + 4$ $2 + 5 \bigcirc 2 + 7$

$0 + 2 \bigcirc 0 + 3$ $5 + 2 \bigcirc 6 + 2$ $2 + 6 \bigcirc 6 + 2$

$5 + 2 \bigcirc 5 + 3$ $1 + 6 \bigcirc 1 + 5$ $2 + 3 \bigcirc 2 + 5$

④ Suche Aufgaben mit (=).

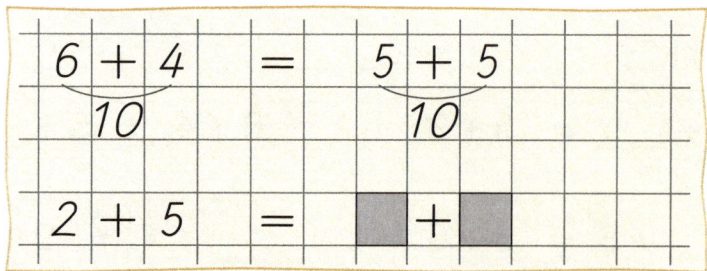

$6 + 4 = 5 + 5$
1010

$2 + 5 = \blacksquare + \blacksquare$

Da fallen mir viele Aufgaben ein!

66

5 Setze ein: > < =.

a) 8 + 1 ◯ 6 + 4
6 + 3 ◯ 5 + 4
2 + 2 ◯ 3 − 2
6 − 5 ◯ 2 + 5

b) 2 + 7 ◯ 1 + 5
7 − 5 ◯ 8 − 6
0 + 8 ◯ 3 + 4
5 − 2 ◯ 6 − 3

c) 6 − 1 ◯ 5 + 2
7 − 2 ◯ 4 + 4
6 + 3 ◯ 7 − 5
5 − 3 ◯ 9 − 2

6 Was fällt dir auf? Setze fort.

a) 1 + 1 ◯ 7 − 1
1 + 2 ◯ 7 − 2
1 + 3 ◯ 7 − 3
…

b) 8 + 1 ◯ 8 − 1
7 + 1 ◯ 7 − 1
6 + 1 ◯ 6 − 1
…

c) 9 − 1 ◯ 4 + 2
9 − 2 ◯ 4 + 3
9 − 3 ◯ 4 + 4
…

7 Welches Zeichen passt? Siehst du es, ohne zu rechnen? Begründe.

a) 7 − 1 ◯ 5 − 1
9 − 4 ◯ 10 − 4
5 − 2 ◯ 4 − 2

b) 7 − 3 ◯ 7 − 5
9 − 6 ◯ 9 − 3
8 − 0 ◯ 8 − 4

c) 7 + 3 ◯ 7 − 3
6 + 2 ◯ 6 − 2
8 − 4 ◯ 8 + 4

8 Welche Zahl fehlt?

a) 5 + 3 ⊜ 3 + ___
6 − 4 ⊜ 1 + ___
8 − ___ ⊜ 3 + 3

b) 5 + 5 ⊜ 4 + ___
4 + 3 ⊜ 3 + ___
10 − 2 ⊜ 4 + ___

c) 1 + 2 ⊜ 3 − ___
9 − 3 ⊜ 3 + ___
8 − 5 ⊜ ___ + 0

9 Finde eine passende Zahl. Es gibt mehrere Möglichkeiten.

a) 6 + 2 ⊘ 1 + ___
4 − 2 ⊘ 3 + ___
10 − 6 ⊘ 10 − ___

b) 5 + 4 ⊘ 8 + ___
3 + 7 ⊘ 6 − ___
8 − 5 ⊘ 10 − ___

c) 9 − 7 ⊘ 7 + ___
8 − 3 ⊘ 1 + ___
4 + 4 ⊘ 8 + ___

d) Findest du alle passenden Zahlen zu 7 + 2 ⊘ 1 + ___ ? *0, 1,*

10 Spielt: • Das größere Ergebnis gewinnt,
• das kleinere Ergebnis gewinnt.

Gewonnen!

Fragen und Antworten

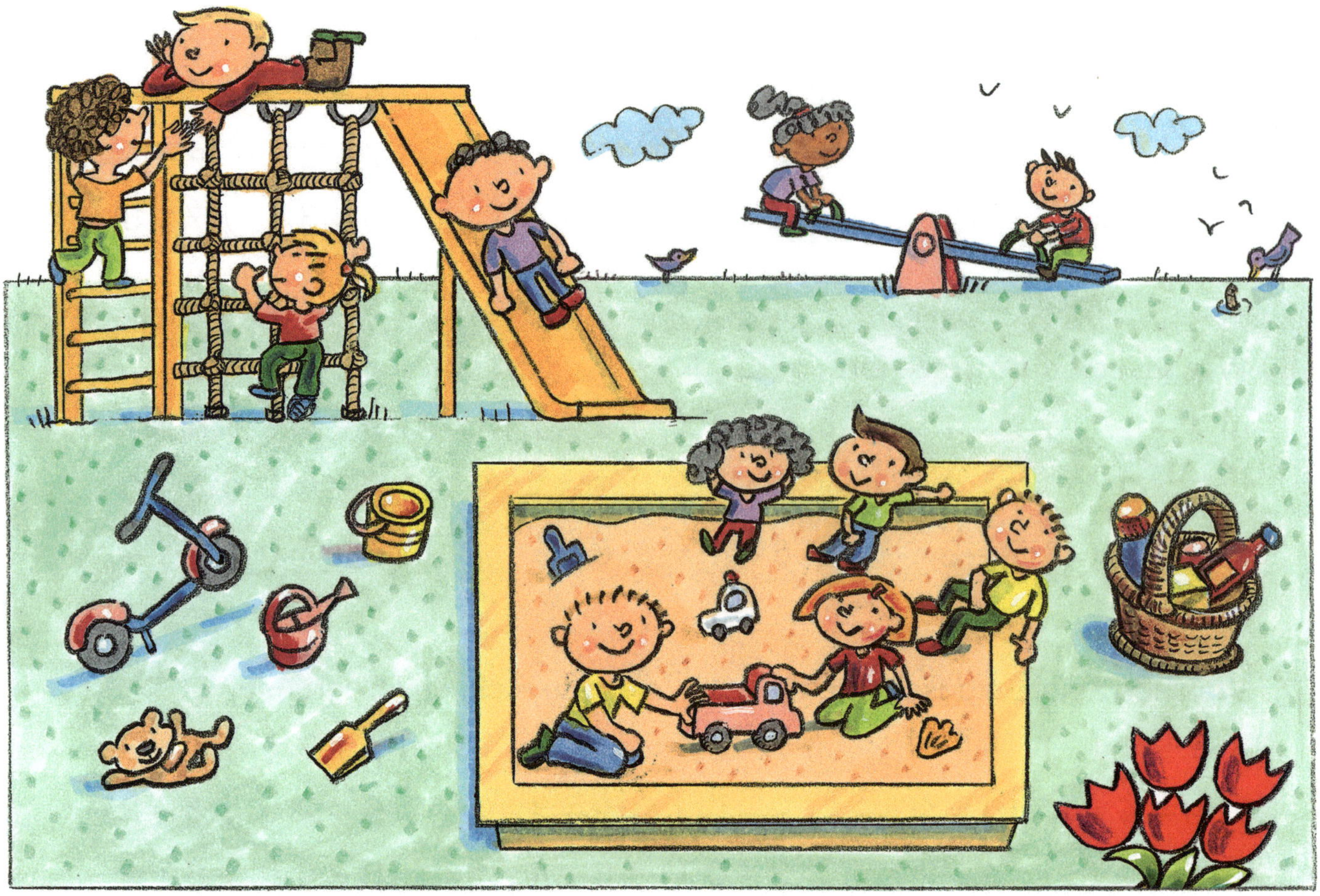

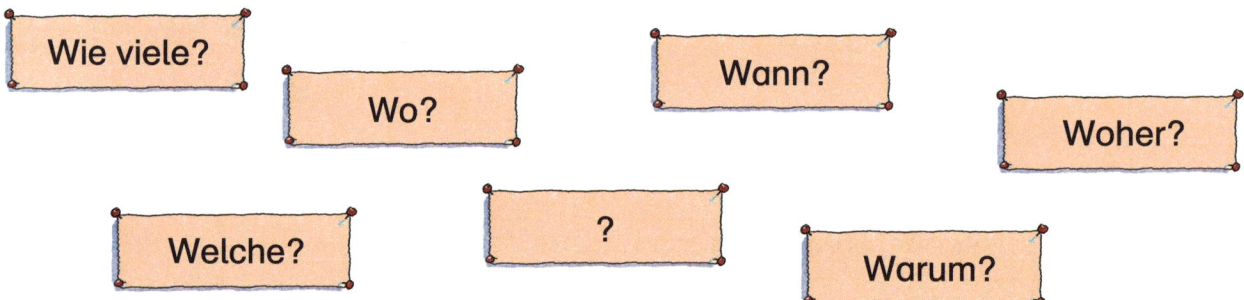

① Finde Fragen. Kannst du sie beantworten?

Wie viele? | Wo? | Wann? | Woher? | Welche? | ? | Warum?

Welche Fragen kannst du durch Zählen oder durch Rechnen beantworten? Begründe.

② Beantworte diese Fragen:

a) Wie viele Kinder sind im Sandkasten?

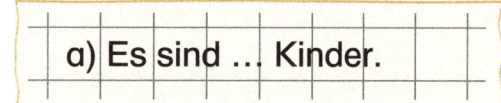

a) Es sind … Kinder.

b) Wo sind die meisten Kinder?

c) Wie viele Kinder sind es insgesamt?

d) Wie viele Jungen sind es mehr als Mädchen?

e) Wie viele Kinder sind auf dem Klettergerüst?

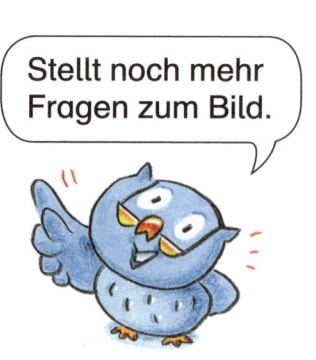

Stellt noch mehr Fragen zum Bild.

3 Finde Fragen, rechne und antworte.

a)

5 Kinder sind im ____. Es kommen 3 dazu.

Wie viele Kinder sind es dann?

5 + 3 = ___

Frage

Rechnung

Antwort

Es sind _____ Kinder.

b) 7 Kinder sind auf dem ____ .

4 springen herunter.

c) 11 Kinder sind auf dem ____ .

5 gehen nach Hause.

d) Am ____ waren 10 Kinder.

Jetzt sind es nur noch 3.

e) Auf der ____ waren 2 Kinder.

Jetzt sind es 6.

f) Auf der ____ sind 4 Kinder.

Im ____ sind 5 Kinder und auf dem ____ 2.

g) Am ____ sind 9 Kinder.

Das sind 2 mehr als im ____ .

4 Finde zu jedem Bild mehrere Fragen. Rechne und antworte.

a)

b)

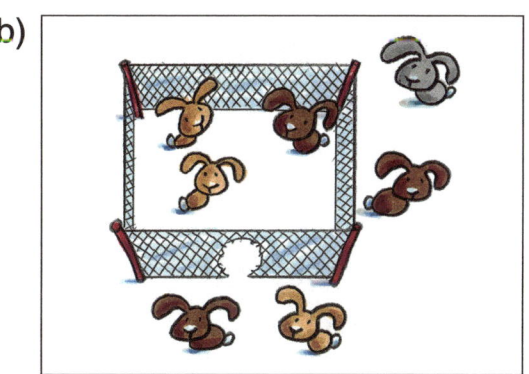

69

$$10 = 1 \text{ Zehner} = 1 \text{ Z}$$
$$4 = 4 \text{ Einer} = 4 \text{ E}$$

1 a) Lege 13, 17, 18, … und erkläre, wie du legst.

b) Spielt: Einer legt eine Zahl, der andere nennt sie.

2 Erkläre wie Bim.

Es sind 12, 1 Zehner und 2 Einer.

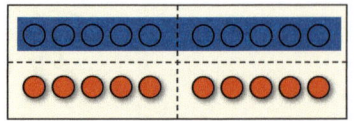

3 Lege im Zwanzigerfeld und mit den Zahlenkarten.
Schreibe auf.

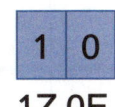
1Z 0E

$$10 + 0 = 10$$

1Z 1E

$$10 + 1 = 11$$

1Z 2E

$$10 + 2 = \boxed{}$$

...   ...

Z	E	
1	0	zehn
1	1	elf
1	2	zwölf
1	3	dreizehn
1	4	vierzehn
1	5	fünfzehn
1	6	sechzehn
1	7	siebzehn
1	8	achtzehn
1	9	neunzehn
2	0	zwanzig
2	1	einundzwanzig
2	2	zweiundzwanzig
...	...	...

Ich spreche erst die Einer,
dann die Zehner.

vierzehn

Ich schreibe erst
die Zehner,
dann die Einer.

Wie werden die Zahlen in anderen
Sprachen gesprochen?

4 Schreibe die Zahlen auf.

	1		2		3	...
1	1	1	2	1	3	...
⭐ 2	1	2	2	2	3	...

neunzehn!

5 Zahlendiktat von 1 bis 20:
Legt mit den Zahlenkarten und schreibt auf.

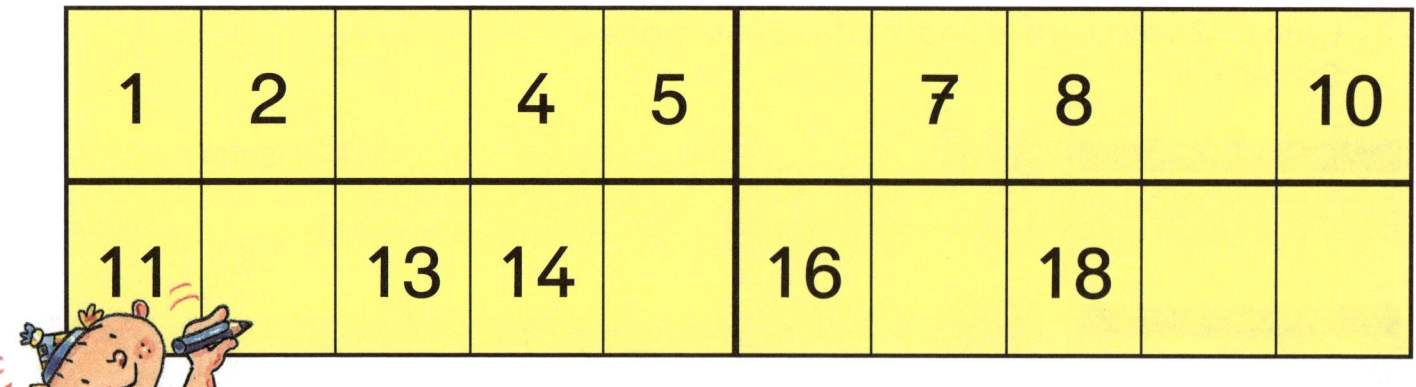

1	2		4	5		7	8		10
11		13	14		16		18		

① Welche Zahlen fehlen noch?
Trage ein.

② Vergleiche die obere mit der unteren Zeile. Was fällt dir auf? Erkläre.

⭐ Wie könnte die nächste Zeile aussehen?

③ Suche alle Zahlen …   a) … mit 8 Einern.   b) … mit 1 Zehner.   ⭐ c) … mit 2 Zehnern.

Schreibe die Zahlen auf.

④ Ausschnitte aus dem Zwanzigerfeld. Trage alle Zahlen ein.

a) 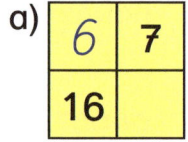   b) 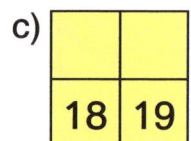   c) 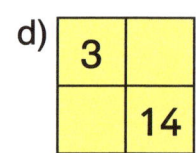   d)

e) 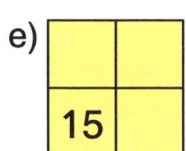   f) 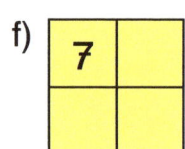   g) 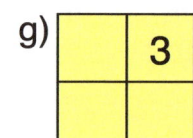   h)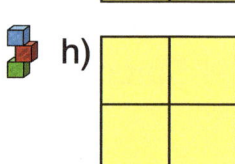

⑤ Trage alle Zahlen ein.

a) 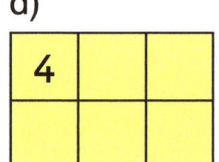   b)   c)   d)

e) 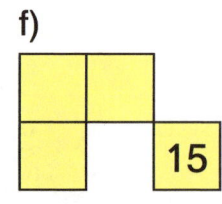   f)   g) 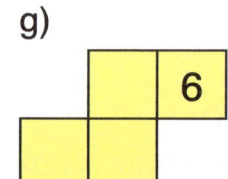   h)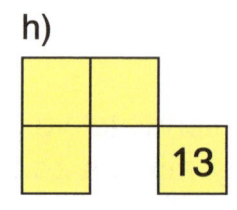

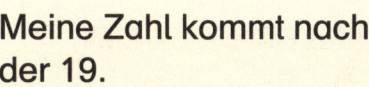

6 Zahlenrätsel

a) Meine Zahl kommt vor der 13. _12_

Meine Zahl kommt nach der 19. _____

b) Meine Zahl liegt unter der 8. _____

Meine Zahl liegt über der 14. _____

c) Meine Zahl liegt genau zwischen 12 und 16. _____

Meine Zahl liegt genau zwischen 16 und 20. _____

7 Einfache Aufgaben bis 20 rechnen

a) $2 + 1 =$ ___

$12 + 1 =$ ___

$7 + 1 =$ ___

$17 + 1 =$ ___

b) $4 + 3 =$ ___

$14 + 3 =$ ___

$5 + 2 =$ ___

$15 + 2 =$ ___

c) $4 - 1 =$ ___

$14 - 1 =$ ___

$5 - 1 =$ ___

$15 - 1 =$ ___

d) $6 - 2 =$ ___

$16 - 2 =$ ___

$10 - 2 =$ ___

$20 - 2 =$ ___

8 Zahlenspiele: Spielt mit den Zahlen bis 20.

Zahlen schnell ordnen	Zahlen tippen	Würfelspiel
• mischen • ordnen • Zeit stoppen	sechzehn!	• Start bei 1 • würfeln und vorrücken • Wer kommt genau auf die 20?

1 Wo müssen Simsala und Bim die Zahlenkarten aufhängen?
Zeigt am Zwanzigerseil.

2 Welche Zahl ist genau zwischen 0 und 10? Welche zwischen 10 und 20?

3 Zahlen und ihre Nachbarn: Zeige die Zahlen am Zwanzigerseil und am Zahlenstrahl.
Schreibe sie auf.

Vorgänger		Nachfolger	
1 3	**1 4**	1 5	
	1 9		

a) 14
19
17

b) 3
13
15

c) 8
18
10

⭐ d) 24
21
28

4 Vergleiche mit < > =.

a) 4 ◯ 14
10 ◯ 11
19 ◯ 9

b) 17 ◯ 7
13 ◯ 14
15 ◯ 5

c) 10 ◯ 10
6 ◯ 16
20 ◯ 2

d) 2 ◯ 12
21 ◯ 12
21 ◯ 21

5 Zahlenrätsel

a) Meine Zahl ist kleiner als 12, aber größer als 10. ___

b) Meine Zahl ist größer als 18, aber kleiner als 20. ___

c) Meine Zahl ist größer als 10 und hat eine 7 an der Einerstelle. ___

⭐ d) Meine Zahl ist kleiner als 20 und hat gleich viele Zehner wie Einer. ___

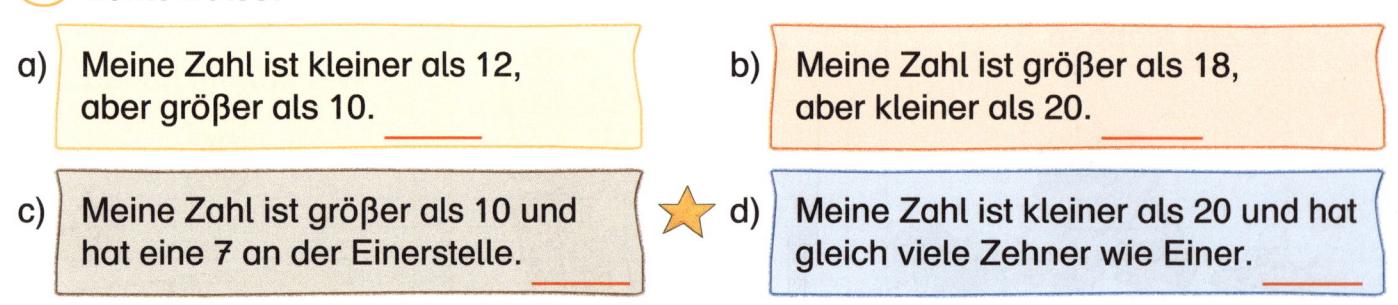

6 Zähle und schreibe auf.

a) 5, 6, ___, ___, ___, ___, 11

b) 9, 10, ___, ___, ___, ___, 15

c) 15, 16, ___, ___, ___, ___, 21

d) 13, 12, ___, ___, ___, ___, 7

e) 15, 14, ___, ___, ___, ___, 9

f) 19, 18, ___, ___, ___, ___, 13

7 Wie weit kannst du zählen? Schreibe auf.

8 Zähle in Schritten und schreibe auf. Was fällt dir auf?

a)
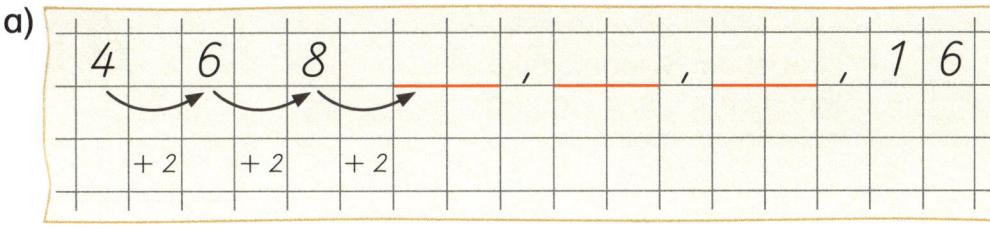

Es werden immer 2 mehr.

Es werden immer …

b) 20, 18, 16, ___, ___, ___, 8

c) 3, 5, 7, ___, ___, ___, 15

d) 19, 17, 15, ___, ___, ___, 7

e) 0, 3, 6, ___, ___, ___, 18

 f) Erfinde Zahlenfolgen.

9 Schwierige Zahlenfolgen. Beschreibe und setze fort.

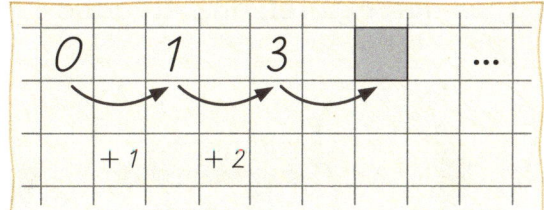

a) 0, 1, 3, 6, ___, ___, 21

b) 0, 4, 2, 6, ___, ___, ___, ___, ___, 12

 c) Erfinde schwierige Zahlenfolgen.

10 Zähle von 1 bis 20. Schreibe die Zahlen vorwärts und rückwärts in dein 📖.

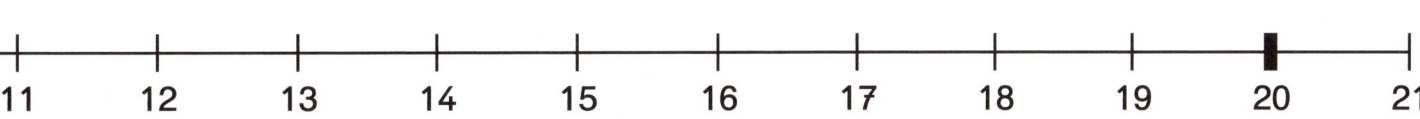

Eine Hälfte genau wie die andere?

1 a) Simsala stellt Figuren her. Wie macht sie es?

b) Stelle solche Figuren her. Was haben sie gemeinsam? Beschreibe.

Eine Hälfte liegt genau auf …!

Immer zwei gleiche …!

Das ist die Spiegelachse. Man nennt diese Figuren achsensymmetrisch.

2 Nimm Figuren aus Aufgabe **1**. Stelle Klecksbilder her.

zuklappen
aufklappen

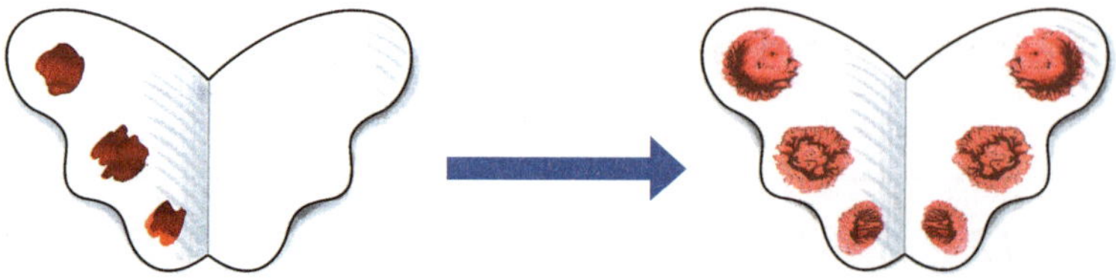

3 Sind beide Hälften gleich? Überprüfe mit dem Zauberspiegel.

Mein Spiegel steht jetzt genau auf der Spiegelachse.

a)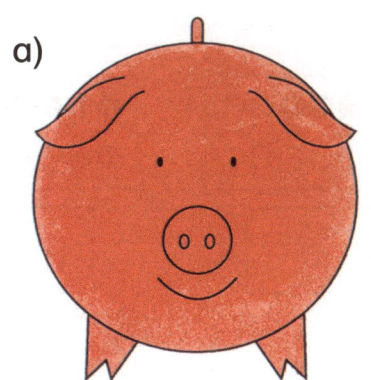

b)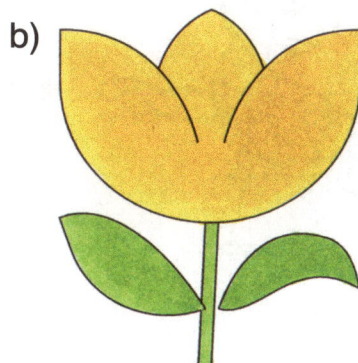

c)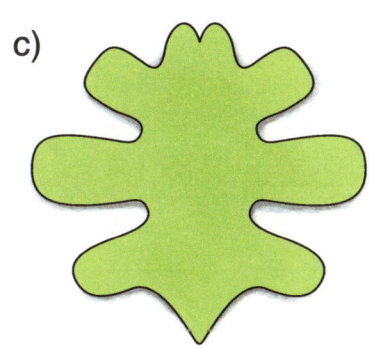

d)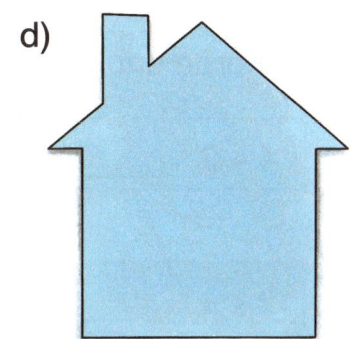

e)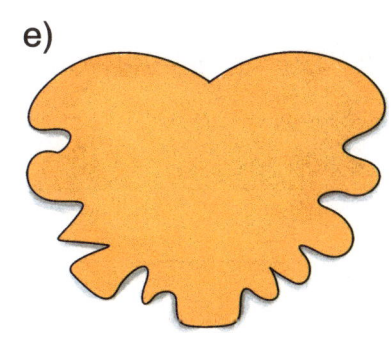

4 Zaubere mit einem Spiegel.
a) Viele Äpfel oder gar keine Äpfel.

b) Eulalia mit 2 Geldscheinen oder ohne Geld.

 c) Malt ein Bild und zaubert mit dem Spiegel.

 5 Zwei gleiche Hälften – sucht in der Natur oder auf Bildern. Macht eine Ausstellung.

6 Gestalte eine Seite in deinem : zwei gleiche Hälften.

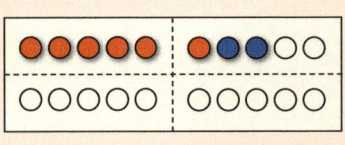

6 + 2 = 8, das kann ich schon.

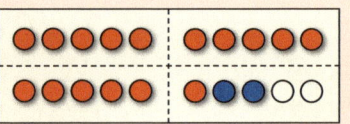

Ich kann diese Aufgabe auch schon. Sie ist mit deiner verwandt.

6 + 2 = _8_

16 + 2 = ____

① Erkläre am Zwanzigerfeld, was Simsala mit „verwandt" meint.

② Suche die verwandten Aufgaben. Färbe und rechne.

| 2 + 6 = ____ | 3 + 1 = ____ | 4 + 2 = ____ | 17 + 3 = ____ | 15 + 4 = ____ |

| 7 + 3 = ____ | 5 + 4 = ____ | 12 + 6 = ____ | 13 + 1 = ____ | 14 + 2 = ____ |

③ Suche die verwandten Aufgaben dazu. Rechne.

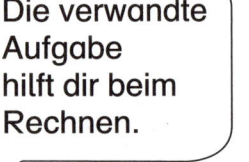

Die verwandte Aufgabe hilft dir beim Rechnen.

a) 14 + 3 = ____
$4 + 3 =$ ____

17 + 2 = ____
____

11 + 9 = ____
____

b) 16 + 2 = ____
$6 + 2 =$ ____

10 + 4 = ____
____

15 + 0 = ____
____

c) 14 + 5 = ____
____

15 + 5 = ____
____

13 + 2 = ____
____

④ Denke an die kleine Aufgabe. Rechne.

a) 11 + 3 = ____
11 + 7 = ____
11 + 0 = ____

b) 12 + 3 = ____
12 + 5 = ____
12 + 6 = ____

c) 5 + 15 = ____
6 + 13 = ____
7 + 13 = ____

d) 3 + 11 = ____
4 + 12 = ____
5 + 13 = ____

11, 14, 15 , 17, 18, 18   14, 16, 18, 19, 20, 20

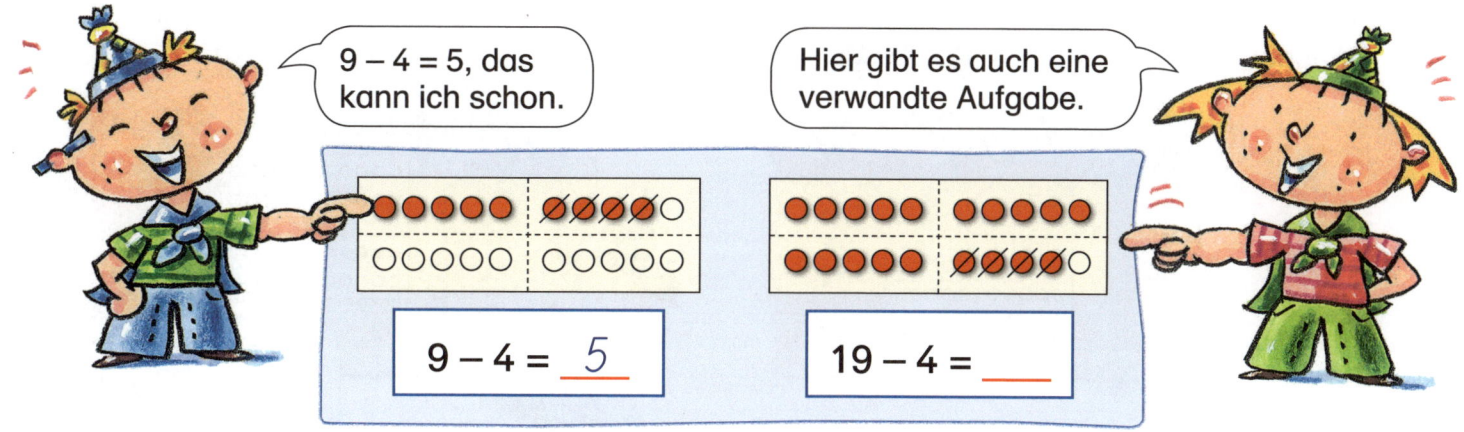

9 – 4 = 5, das kann ich schon.

Hier gibt es auch eine verwandte Aufgabe.

9 – 4 = _5_

19 – 4 = ___

⑤ Erkläre am Zwanzigerfeld, was Simsala mit „verwandt" meint.

⑥ Suche die verwandten Aufgaben. Färbe und rechne.

| 5 – 2 = ___ | 5 – 4 = ___ | 7 – 1 = ___ | 13 – 3 = ___ | 18 – 3 = ___ |

| 3 – 3 = ___ | 8 – 3 = ___ | 15 – 2 = ___ | 15 – 4 = ___ | 17 – 1 = ___ |

⑦ Suche die kleinen Aufgaben dazu. Rechne.

a) 18 – 6 = ___
   _8 – 6 =_ ___

b) 19 – 2 = ___
   _____

c) 20 – 5 = ___
   _____

17 – 2 = ___
_____

14 – 1 = ___
_____

20 – 2 = ___
_____

Wie heißt hier die kleine Aufgabe?

15 – 0 = ___
_____

18 – 3 = ___
_____

20 – 7 = ___
_____

⑧ Denke an die kleine Aufgabe. Rechne.

a) 15 – 4 = ___
   19 – 7 = ___
   17 – 4 = ___

b) 16 – 5 = ___
   18 – 6 = ___
   15 – 2 = ___

c) 16 – 3 = ___
   18 – 4 = ___
   18 – 5 = ___

d) 15 – 5 = ___
   16 – 4 = ___
   17 – 3 = ___

11, 11, 12, 12, 13, 13

10, 12, 13, 13, 14, 14

79

① Legt Plättchen und verdoppelt mit dem Spiegel. Rechnet.

② Schreibe die Rechnungen auf.

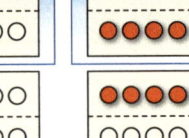

$2 + 2 = 4$ __ + __ = __   __ + __ = __   __ + __ = __

__ + __ = __   __ + __ = __   __ + __ = __   __ + __ = __

③ Verdopple.

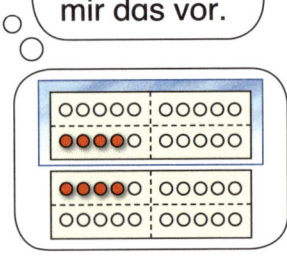

So stelle ich mir das vor.

a) $4 + 4 =$ ___   b) $1 + 1 =$ ___   c) $5 + 5 =$ ___

$6 + 6 =$ ___ $8 + 8 =$ ___ $3 + 3 =$ ___

$2 + 2 =$ ___ $7 + 7 =$ ___ $9 + 9 =$ ___

2, 4, 6, 8, 10, 12, 14, 16, 18

④ Spielt „Finger spiegeln".
Einer zeigt mit den Fingern eine Zahl.
Der Partner zeigt die gleiche Zahl.
Wie viele sind es zusammen?

$5 + 5 = 10$ und dann noch 4.

5 Halbiere. Schreibe die Rechnungen auf.

$12 = 6 + 6$ $10 = \_\_ + \_\_$ $\_\_ = \_\_ + \_\_$ $\_\_ = \_\_ + \_\_$

$\_\_ = \_\_ + \_\_$ $\_\_ = \_\_ + \_\_$ $\_\_ = \_\_ + \_\_$ $\_\_ = \_\_ + \_\_$

6 Halbiere.

So stelle ich mir das vor.

a) $14 = \_\_ + \_\_$ b) $18 = \_\_ + \_\_$ c) $10 = \_\_ + \_\_$

$6 = \_\_ + \_\_$ $16 = \_\_ + \_\_$ $8 = \_\_ + \_\_$

$2 = \_\_ + \_\_$ $20 = \_\_ + \_\_$ $12 = \_\_ + \_\_$

7 Suche Zahlen, die du halbieren kannst. Schreibe so:

1	2	=	6	+	6	
1	5	geht nicht				

 8 Kannst du auch diese Zahlen verdoppeln?   20, 30, 50, 11, 15, …

... und halbieren?   20, 40, 50, 80, 100, …

Schreibe auf.

1 a) Lege mit den Zahlenkarten und schreibe auf.

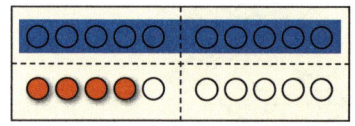  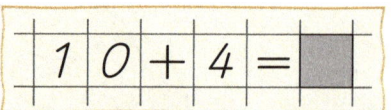

$$1\,0 + 4 = \square$$

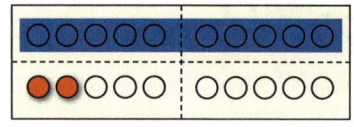 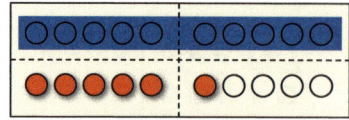 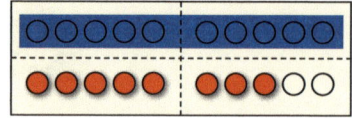

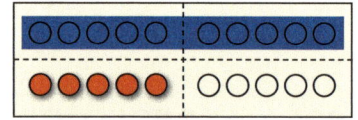 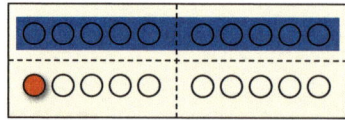 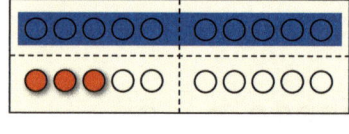

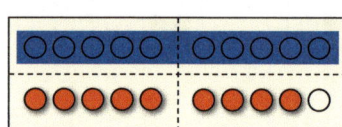 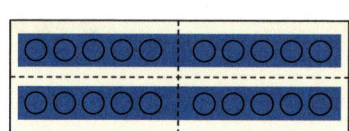 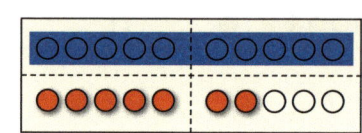

b) Schreibe die Zerlegungen von 11 bis 20 geordnet in dein 📖.

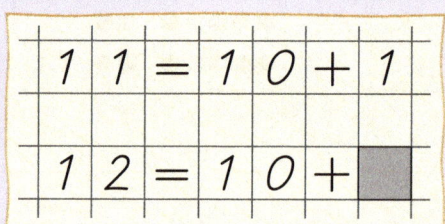

$$1\,1 = 1\,0 + 1$$
$$1\,2 = 1\,0 + \square$$

2 Zahlen und ihre Nachbarn

a) _15_ 16 _17_   b) ___ 14 ___   c) ___ 8 ___   d) ___ 9 ___

___ 15 ___   ___ 17 ___   ___ 18 ___   ___ 10 ___

___ 11 ___   ___ 12 ___   ___ 19 ___   ___ 20 ___

3 Vergleiche: ⟩ größer als, ⟨ kleiner als, ⟨=⟩ ist gleich.

a) 17 ◯ 7   b) 20 ◯ 20   c) 6 ◯ 16   d) 21 ◯ 12

13 ◯ 12   0 ◯ 14   17 ◯ 11   21 ◯ 22

18 ◯ 19   20 ◯ 2   16 ◯ 16   1 ◯ 11

15 ◯ 17   11 ◯ 12   9 ◯ 4   10 ◯ 0

12 ◯ 20   9 ◯ 6   10 ◯ 11   17 ◯ 17

4 Suche die verwandten Aufgaben. Rechne.

17 + 2   7 + 2

18 – 3   8 – 3

a) 17 + 2 = ___   18 + 1 = ___

16 + 3 = ___   11 + 5 = ___

12 + 7 = ___   17 + 3 = ___

14 + 4 = ___   14 + 6 = ___

b) 18 – 3 = ___   19 – 6 = ___

16 – 4 = ___   17 – 5 = ___

15 – 2 = ___   16 – 5 = ___

18 – 5 = ___   20 – 3 = ___

5 Verdopple.

a) 6 + 6 = ___   b) 7 + 7 = ___   c) 1 + 1 = ___

2 + 2 = ___   3 + 3 = ___   10 + 10 = ___

5 + 5 = ___   4 + 4 = ___   8 + 8 = ___

 6 Spielt „Finger spiegeln". Einer zeigt mit den Fingern eine Zahl. Der Partner zeigt die gleiche Zahl. Wie viele sind es zusammen?

7 Halbiere.

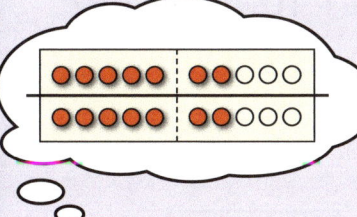

a) 14 = ___ + ___   b) 10 = ___ + ___   c) 12 = ___ + ___

16 = ___ + ___   20 = ___ + ___   4 = ___ + ___

8 = ___ + ___   6 = ___ + ___   0 = ___ + ___

8 Verdopple und halbiere in deinem .

Schreibe so: 1 + 1 = 2   2 = 1 + 1

83

Nachbaraufgaben

① Bim verändert 5 + 5. Erkläre.

Wie verändern sich die Ergebnisse?

4 + 5 = ___

6 + 5 = ___

5 + 5 = 10

5 + 4 = ___

5 + 6 = ___

② Verdopplungsaufgaben und ihre Nachbaraufgaben: Lege und rechne.

a) 5 + 6 = ___   6 + 5 = ___

6 + 6 = ___

7 + 6 = ___   6 + 7 = ___

b) 7 + 8 = ___   8 + 7 = ___

8 + 8 = ___

9 + 8 = ___   8 + 9 = ___

c) 2 + 3 = ___   3 + 2 = ___

3 + 3 = ___

4 + 3 = ___   3 + 4 = ___

Wenn eine Zahl um 1 größer wird, dann …

Wenn eine Zahl um 1 kleiner wird, dann …

③ Nachbaraufgaben gesucht. Schreibe ins Heft. Erkläre.
   a) 4 + 4   b) 2 + 2   c) 7 + 7   d) 10 + 10   e) ?

④ Welche Verdopplungsaufgabe hilft?
Schreibe beide Rechnungen ins Heft.

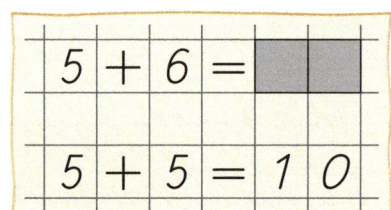

5 + 6 = ☐☐
5 + 5 = 1 0

a) 5 + 6
9 + 10
8 + 9

b) 6 + 7
9 + 8
6 + 5

c) 7 + 6
7 + 8
8 + 7

11, 11, 13, 13, 15, 15, 17, 17, 19

5 Simsala verändert Plusaufgaben mit 10. Erkläre.

10 + 6 = 16

10 + 6 = 16
9 + 6 ist
1 weniger.

9 + 6 = 15

a) 10 + 8 = ___

9 + 8 = ___

10 + 6 = ___

9 + 6 = ___

b) 10 + 3 = ___

9 + 3 = ___

10 + 2 = ___

9 + 2 = ___

6 Bim verändert Minusaufgaben mit 10. Erkläre.

17 − 10 = 7

17 − 10 = 7
Wenn ich nur
9 wegnehme,
bleibt 1 mehr übrig.

17 − 9 = 8

a) 14 − 10 = ___

14 − 9 = ___

16 − 10 = ___

16 − 9 =

b) 12 − 10 = ___

12 − 9 = ___

13 − 10 = ___

13 − 9 =

7 Rechne zuerst die Nachbaraufgabe mit 10. Schreibe ins Heft.

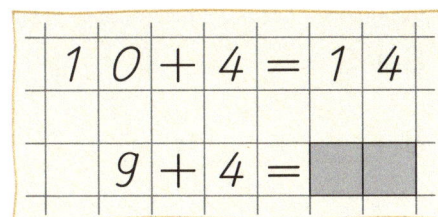

a) 9 + 4

9 + 2

5 + 9

7 + 9

b) 15 − 9

17 − 9

11 − 9

16 − 9

c) 9 + 5

9 + 7

18 − 9

14 − 9

8 Welche Nachbaraufgabe hilft? Schreibe ins Heft.

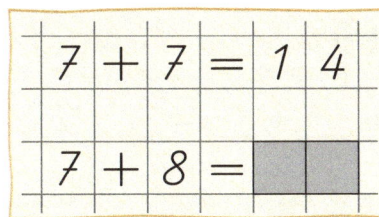

7 + 8

9 + 6

5 + 6

4 + 9

5 + 4

8 + 9

9 Rechne. Was fällt dir auf? Wie geht es weiter?

8 + 8 = ___   9 + 8 = ___   10 + 8 = ___

85

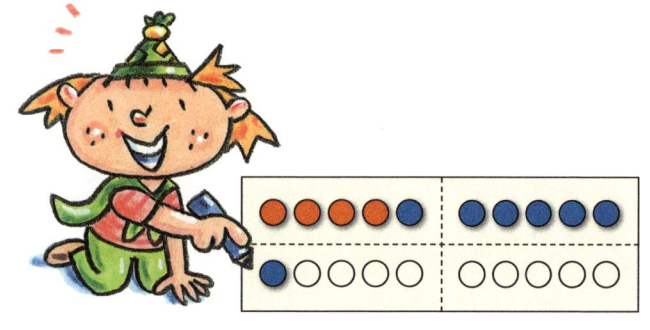

Zuerst 6 dazu
und dann noch 1.

So rechnet Simsala über die 10.

① Lege und rechne wie Simsala.

a)

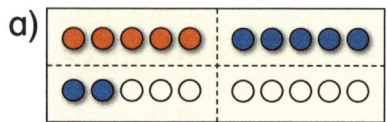

5 + 7 = ___
5 + 5 + 2 = ___

5 + 9 = ___
5 + 5 + ___ = ___

5 + 8 = ___
5 + ___ + ___ = ___

b)

6 + 8 = ___
6 + ___ + ___ = ___

4 + 9 = ___
4 + ___ + ___ = ___

8 + 3 = ___
8 + ___ + ___ = ___

c)

9 + 6 = ___
9 + ___ + ___ = ___

8 + 4 = ___
8 + ___ + ___ = ___

2 + 9 = ___
2 + ___ + ___ = ___

d)

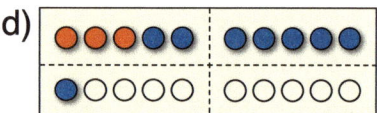

3 + 8 = ___
3 + ___ + ___ = ___

7 + 4 = ___
7 + ___ + ___ = ___

9 + 2 = ___
9 + ___ + ___ = ___

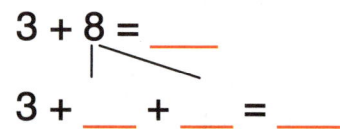

② Schreibe wie Bim.

a) 7 + 5 = ___
    ∕∖
    3 2

9 + 5 = ___
    ∕∖
    1 ___

4 + 8 = ___
    ∕∖
  ___ ___

9 + 3 = ___
    ∕∖
  ___ ___

b) 9 + 7 = ___
    ∕∖
  ___ ___

8 + 5 = ___
    ∕∖
  ___ ___

3 + 9 = ___
    ∕∖
  ___ ___

7 + 9 = ___
    ∕∖
  ___ ___

c) 8 + 4 = ___
    ∕∖
  ___ ___

2 + 9 = ___
    ∕∖
  ___ ___

6 + 8 = ___
    ∕∖
  ___ ___

5 + 9 = ___
    ∕∖
  ___ ___

 ③ Wie löst du diese Aufgaben? Vergleicht.

Das weiß ich auswendig.

Zwischenstopp bei der 10.

Die Nachbaraufgabe hilft.

Hier hilft mir die kleine Aufgabe.

?

| 7 + 9 | 3 + 5 | 16 + 3 | 8 + 8 | 9 + 4 |

④ Rechne auf deinem Weg.

a) | 11 + 3 | 5 + 4 | 9 + 9 | 14 + 5 | 9 + 6 |

b) | 9 + 2 | 8 + 6 | 5 + 7 | 7 + 3 | 15 + 3 |

c) | 7 + 7 | 8 + 2 | 12 + 4 | 5 + 8 | 10 + 1 |

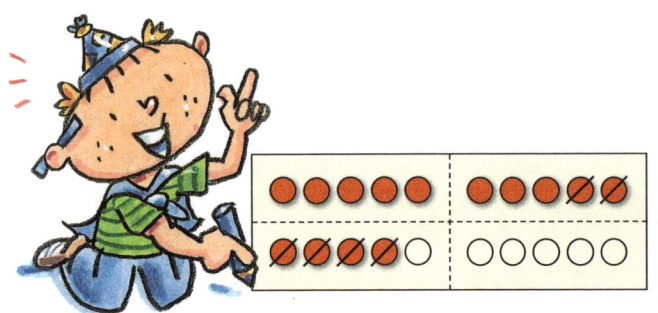

Zuerst 4 weg und dann noch 2.

1 Lege und rechne wie Bim.

a)

15 − 6 = ___
15 − 5 − 1 = ___

15 − 9 = ___
15 − 5 − ___ = ___

15 − 8 = ___
15 − ___ − ___ = ___

b)

11 − 3 = ___
11 − ___ − ___ = ___

12 − 5 = ___
12 − ___ − ___ = ___

14 − 8 = ___
14 − ___ − ___ = ___

c)

17 − 9 = ___
17 − ___ − ___ = ___

13 − 5 = ___
13 − ___ − ___ = ___

16 − 7 = ___
16 − ___ − ___ = ___

d)

14 − 9 = ___
14 − ___ − ___ = ___

11 − 5 = ___
11 − ___ − ___ = ___

17 − 8 = ___
17 − ___ − ___ = ___

Ich schreibe kürzer.

2 Schreibe wie Simsala.

a) 11 – 4 = __   13 – 8 = __   14 – 5 = __   12 – 8 = __
   /\   /\   /\   /\
   1 3   3 __   __ __   __ __

b) 12 – 7 = __   11 – 8 = __   13 – 9 = __   16 – 9 = __
   /\   /\   /\   /\
   __ __   __ __   __ __   __ __

c) 13 – 4 = __   12 – 3 = __   11 – 7 = __   13 – 6 = __
   /\   /\   /\   /\
   __ __   __ __   __ __   __ __

3 Wie löst du diese Aufgaben? Vergleicht.

 Das weiß ich auswendig.

 Zwischenstopp bei der 10.

Die Nachbaraufgabe hilft.

 Hier hilft mir die kleine Aufgabe.

 ?

| 12 – 5 | 19 – 3 | 11 – 8 | 8 – 2 | 17 – 9 |

4 Rechne auf deinem Weg.

a) | 18 – 6 | 11 – 6 | 12 – 6 | 13 – 5 | 10 – 3 |

b) | 13 – 8 | 7 – 4 | 14 – 5 | 11 – 8 | 12 – 9 |

c) | 9 – 6 | 17 – 6 | 20 – 9 | 15 – 7 | 18 – 9 |

Rechenwege und Rechentricks

$3 + 8 = 11$
$8 + 3 = 11$
Amelie

$6 + 7 = 13$
$6 + 6 = 12$
Clara

$8 + 5 = 13$
2 ⌢ 3
Leon

$9 + 6 = 15$
$10 + 6 = 16$
Marek

① Wie haben die Kinder gerechnet?
Erkläre und male die Schilder oben an.

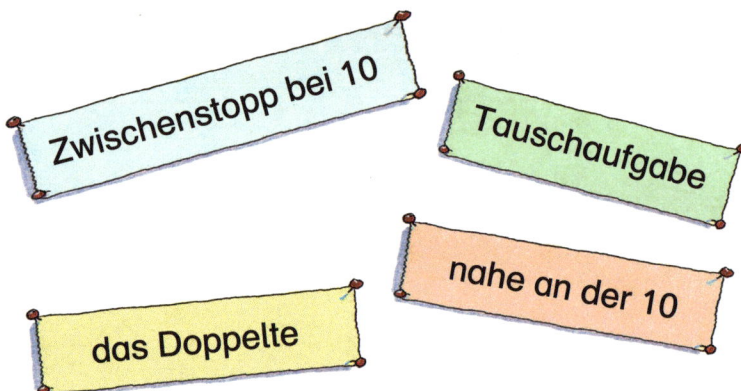

Zwischenstopp bei 10

Tauschaufgabe

nahe an der 10

das Doppelte

② Wie rechnest du? Male an.

$7 + 8$	$5 + 6$	$9 + 7$
$9 + 5$	$8 + 5$	$4 + 8$
$8 + 9$	$6 + 9$	$6 + 5$

Rechne und erkläre deinem
Partner deinen Weg.

③ Bim hat seine Plusaufgaben nach Rechenwegen sortiert.
Erkläre und rechne.

$7 + 6$	$4 + 7$	$9 + 4$	$8 + 5$	$8 + 9$
$6 + 5$	$2 + 9$	$6 + 9$	$8 + 3$	
$8 + 7$	$3 + 8$	$7 + 9$	$7 + 5$	

Was mache
ich mit dieser
Aufgabe?

Finde jeweils weitere Aufgaben.

④ Wie löst du diese Aufgaben? Erkläre.

a) $8 + 9 = $ _____
$7 + 8 = $ _____
$6 + 3 = $ _____

b) $9 + 8 = $ _____
$7 + 9 = $ _____
$4 + 9 = $ _____

c) $9 + \ \ 9 = $ _____
$9 + 11 = $ _____
$5 + \ \ 6 = $ _____

d) $6 + 9 = $ _____
$5 + 8 = $ _____
$4 + 8 = $ _____

9, 11, 12, 13, 13, 15, 15, 16, 17, 17, 18, 20

e) Erkläre einen Rechenweg in deinem 📖.

12 − 9 = 3
12 − 10 = 2

Stefan

11 − 8 = 3
8 + 3 = 11

Clara

16 − 8 = 8
16 = 8 + 8

Mateja

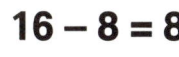

15 − 7 = 8
5   2

Henrik

5 Wie haben die Kinder gerechnet?
Erkläre und male die Schilder oben an.

die Hälfte

Ergänzen

Zwischenstopp bei 10

nahe an der 10

6 Wie rechnest du? Male an.

13 − 9	17 − 9	13 − 7
12 − 6	18 − 9	12 − 8
14 − 6	14 − 7	15 − 9

Rechne und erkläre deinem
Partner deinen Weg.

7 Simsala hat ihre Aufgaben nach Rechenwegen sortiert.
Erkläre und rechne.

| 14 − 7 |
| 16 − 8 |
| 20 − 10 |

| 13 − 6 |
| 15 − 7 |
| 17 − 9 |

| 15 − 9 |
| 16 − 9 |
| 12 − 9 |

18 − 9

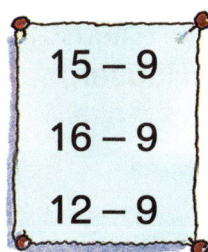
Und was mache ich mit dieser Aufgabe?

Finde jeweils weitere Aufgaben.

8 Wie löst du diese Aufgaben? Erkläre. Überprüfe mit der Umkehraufgabe.

a) 15 − 8 = ___
   13 − 9 = ___
   10 − 5 = ___

b) 18 − 3 = ___
   11 − 6 = ___
   20 − 10 = ___

c) 12 − 7 = ___
   11 − 8 = ___
   18 − 9 = ___

d) 13 − 4 = ___
   8 − 4 = ___
   13 − 8 = ___

3, 4, 4, 5, 5, 5, 5, 7, 9, 9, 10, 15

e) Erkläre einen Rechenweg in deinem .

① Spanne nach. Zeichne freihändig oder mit Lineal.

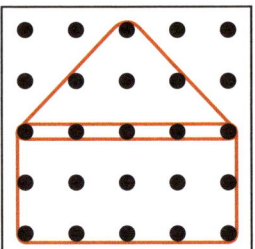 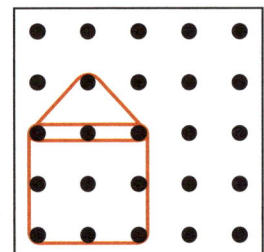 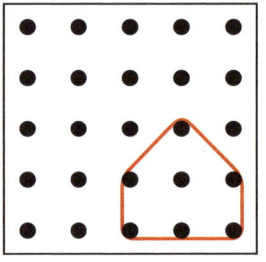 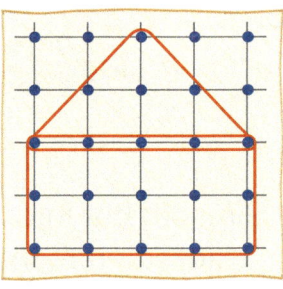

Aus welchen Formen bestehen die Häuser?
Spanne und zeichne eigene Häuser.

② Spanne und zeichne.

a) Boote

b) Tiere

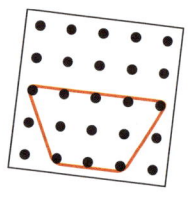 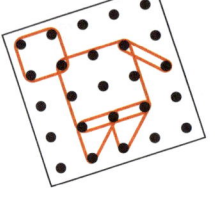 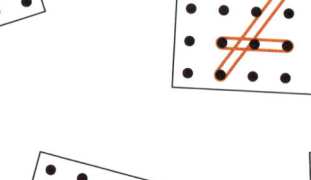

c) Pfeile

d) Zahlen

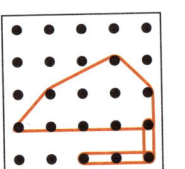  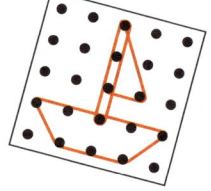 

Wo erkennst du Dreiecke, Vierecke, … ?

③ a) Spanne verschiedene Vierecke. Zeichne.

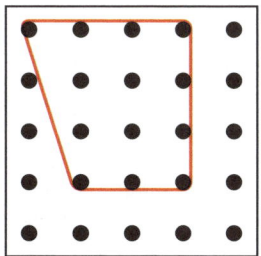 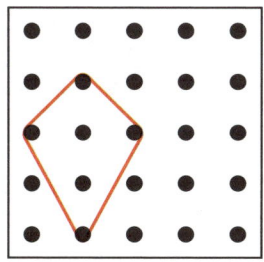 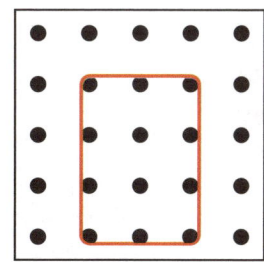 

b) Hast du auch Vierecke mit 4 gleich langen Seiten gespannt?

Diese besonderen
Vierecke heißen …

 ④ a) Spanne kleine und große Dreiecke. Zeichne.

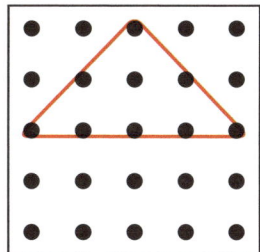 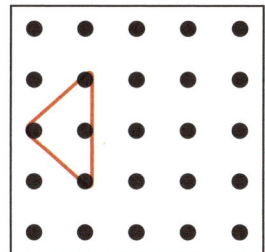 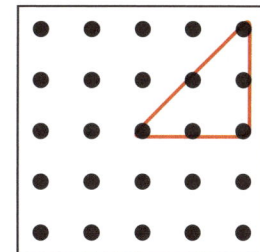 

b) Spanne dieses Dreieck.

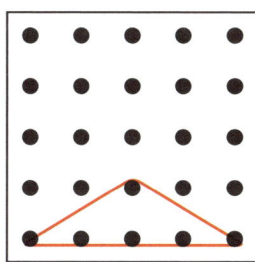

Ziehe den Gummi immer um
einen Nagel nach oben.

Wie sieht das zweite, dritte,
vierte Dreieck aus?

Zeichne.

  ⑤ Spanne eine Figur. Dein Partner spiegelt sie.

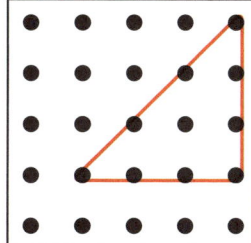 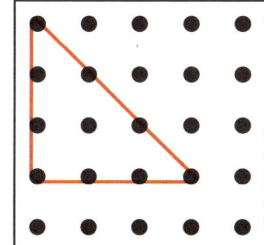  

93

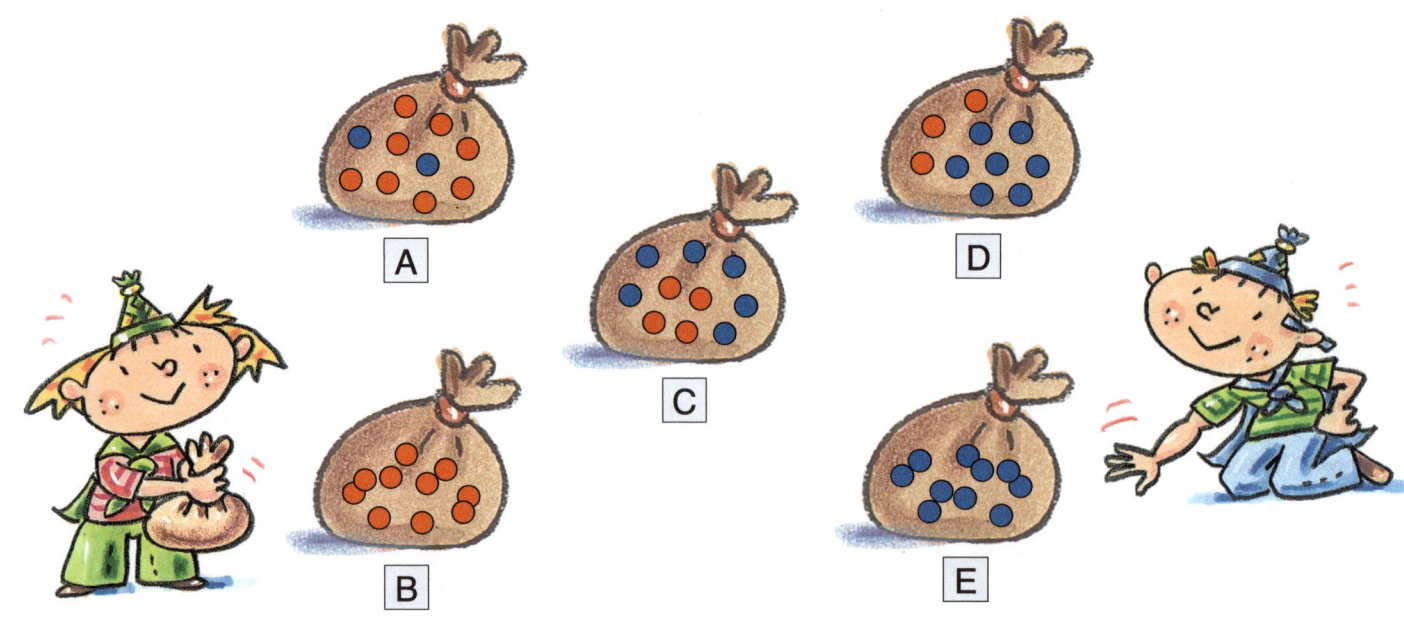

1 a) Füllt Säckchen mit 10 Kugeln wie oben.
Nehmt Säckchen A.
Zieht eine Kugel, schreibt auf, legt die Kugel zurück ins Säckchen.
Zieht immer wieder.

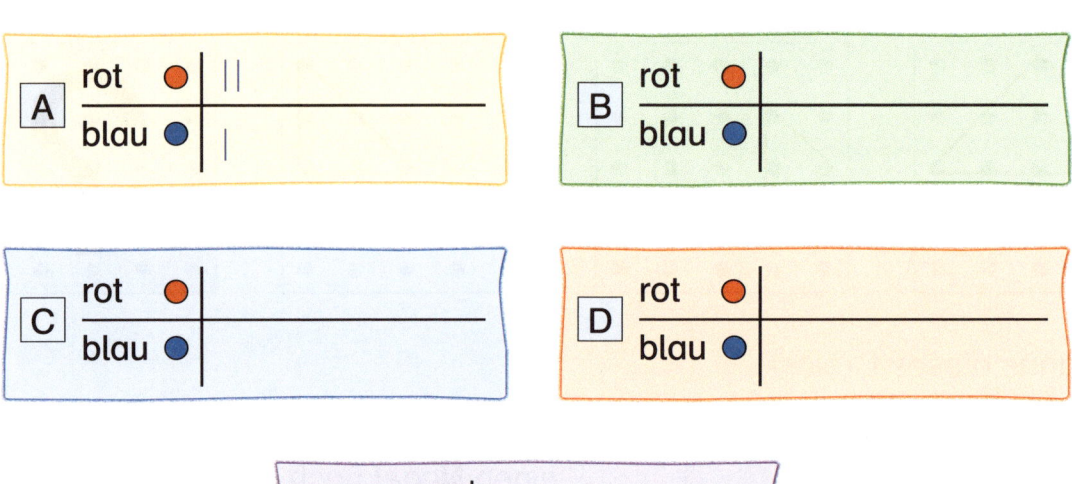

b) Vergleicht die Ergebnisse bei den verschiedenen Säckchen.

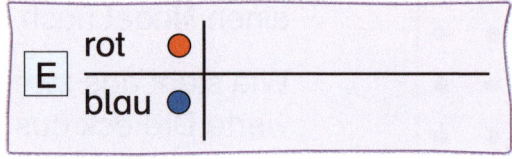

… öfter
rot …

… mehr
blaue …

… viel
öfter …

… keine …
… nur …

② Bim möchte eine blaue Kugel ziehen.
Welches Säckchen sollte er wählen? Kreise ein.

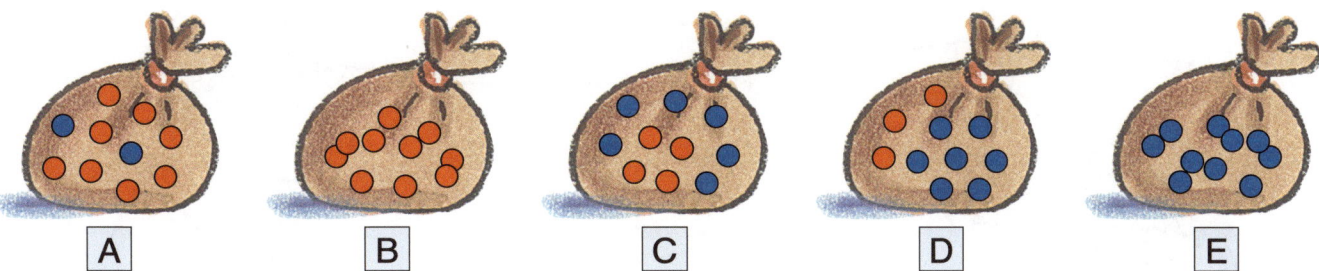

A	B	C	D	E

Welche Säckchen könnte er noch nehmen?
Erkläre und begründe.

 ③ Was könnte im Säckchen sein?

a) Fülle heimlich ein Säckchen mit 5 Kugeln
für deinen Partner.

Dein Partner zieht mehrmals,
legt die Kugel immer wieder zurück
ins Säckchen und schreibt auf.

Der Partner zieht so lange, bis er eine Idee hat, wie viele rote
und blaue Kugeln im Säckchen sind und begründet.
Überprüft.

b) Wechselt euch ab.

④ Simsala hat gezogen und aufgeschrieben.
Welche Säckchen von Aufgabe ① könnten es gewesen sein?

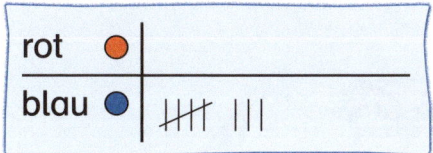

Säckchen _____

rot ●	♯♯ ♯♯♯
blau ●	|||

Säckchen _____

rot ●	♯♯	
blau ●	♯♯	

Säckchen _____

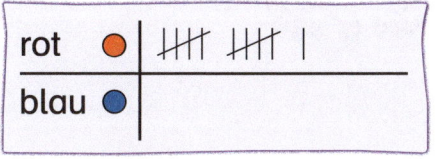

Säckchen _____

rot ●	♯♯	
blau ●	♯♯ ||

Säckchen _____

Es können auch mehrere
Säckchen passen.

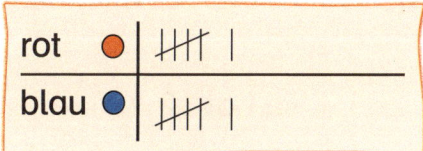

95

Plus oder minus?

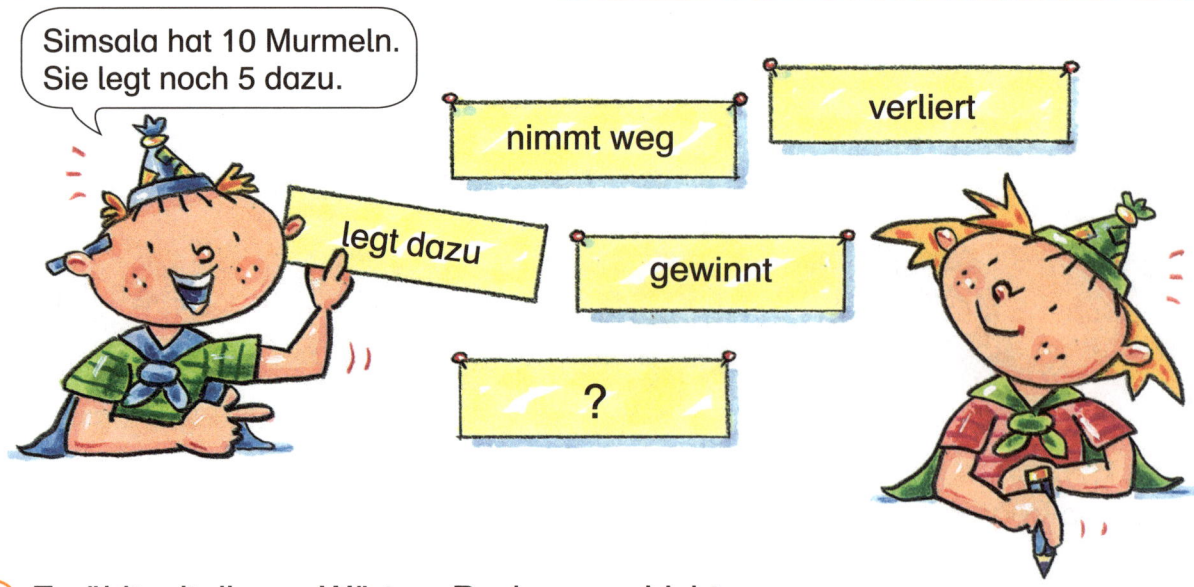

Simsala hat 10 Murmeln.
Sie legt noch 5 dazu.

legt dazu

nimmt weg

verliert

gewinnt

?

  1 Erzählt mit diesen Wörtern Rechengeschichten.

Schreibt die Rechnungen so auf: $1\ 0 + 5 = 1\ 5$

2 Schreibt oder malt Plusgeschichten.

_____

Max hat 3 €.

Seine Oma schenkt ihm 5 €.

Wie viel Geld hat er nun?

_____ 3 € _____

Lest eure Rechengeschichten vor. Wer findet die Rechnungen?

   3 Schreibt oder malt Minusgeschichten.

Lisa hat 12 Aufkleber.

5 davon schenkt sie Leo.

Wie viele Aufkleber hat
sie noch?

_____   _____

Lest eure Rechengeschichten vor. Wer findet die Rechnungen?

④ Plus oder minus? Schreibe die Rechnung auf.

Stefan hat 9 weiße Mäuse.
Eine Maus bekommt 8 Junge.
Wie viele Mäuse hat Stefan jetzt?

_9 +_____

Hanna hat 15 Murmeln.
Sie gibt 6 davon her.
Wie viele hat sie noch?

_____

18 Kinder sitzen im Bus.
3 steigen aus.
Wie viele sitzen noch im Bus?

_____

In der Kiste sind 20 Flaschen.
Die Kinder trinken alle leer.
Wie viele Flaschen sind noch voll?

_____

_____

KASSE

_____

⑤ Manchmal hilft ein Bild. Wie kannst du rechnen?

Lisa hat 8 Bonbons. Ali hat 6.

Wie viele hat Lisa mehr?

Lisa • • • • • • • •
Ali • • • • • •

8 −
6 +

In Mannschaft A sind 11 Kinder.

In Mannschaft B nur 5.

Die Mannschaften sollen gleich
groß werden. Wie viele Kinder
müssen zu Mannschaft B noch
dazukommen?

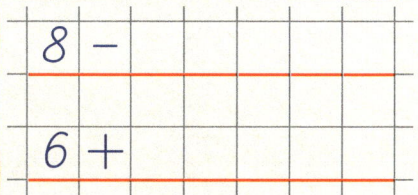

A: 👤👤👤👤👤 👤👤👤👤👤 👤

_____

B: 👤👤👤👤👤

_____

Max hat 6 €.

Simon hat 12 €.

Wie viel Euro hat Max weniger?

Max ••••• •
Simon ••••• •••••
•• •••••

_____

Überlege, kann deine Lösung stimmen?

1 Verdoppeln und Nachbaraufgaben suchen: Rechne.

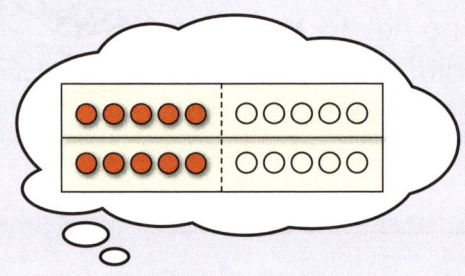

7 + 8 = ___   8 + 7 = ___

8 + 8 = ___

9 + 8 = ___   8 + 9 = ___

4 + 5 = ___   5 + 4 = ___

5 + 5 = *10*

6 + 5 = ___   5 + 6 = ___

8 + 9 = ___   9 + 8 = ___

9 + 9 = ___

10 + 9 = ___   9 + 10 = ___

2 Schreibe alle Verdopplungsaufgaben bis 20 in dein 📖.

3 Welche Verdopplungsaufgaben helfen?
Finde beide Möglichkeiten.

4 + 3 = ___
4 + *4* = *8*
3 + *3* = *6*

7 + 6 = ___
___ + ___ = ___
___ + ___ = ___

6 + 5 = ___
___ + ___ = ___
___ + ___ = ___

8 + 9 = ___
___ + ___ = ___
___ + ___ = ___

4 Zwischenstopp bei 10: Rechne.

7 + 5 = ___
　3　2

8 + 6 = ___

5 + 8 = ___

6 + 7 = ___

8 + 4 = ___

9 + 3 = ___

4 + 7 = ___

5 Zwischenstopp bei 10: Rechne.

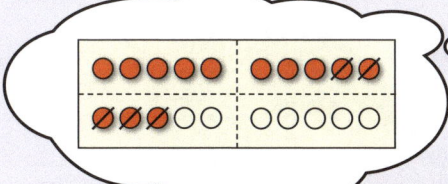

$13 - 5 =$ ___
$3 \quad 2$

$16 - 7 =$ ___

$15 - 6 =$ ___

$14 - 8 =$ ___

$17 - 8 =$ ___

$13 - 6 =$ ___

$15 - 8 =$ ___

6 Plus ⊕ oder minus ⊖? Schreibe die Rechnung auf.

Ali hat 12 Murmeln.

Er gibt Eva 3.

Wie viele hat er noch?

Miriam hat 5 €.

Oma schenkt ihr 10 €.

Wie viel Geld hat Miriam jetzt?

Hendrik hat 4 Bonbons.

Lisa hat 2 mehr.

Wie viele hat sie?

_____   _____   _____

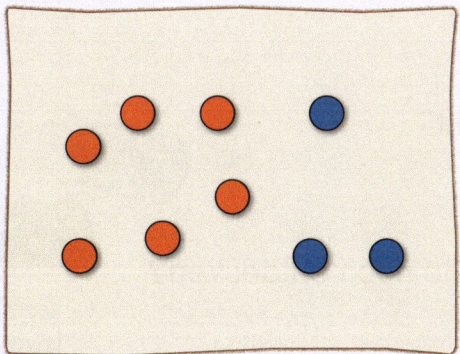

Auf dem Spielplatz sind 3 Mädchen und 5 Jungen.

Wie viele Kinder sind es insgesamt?

_____   _____   _____

 7 Schreibe oder male zu drei Rechnungen Geschichten in dein .

$7 + 2$	$10 - 4$	$6 + 6$	$13 - 4$	$16 - 8$
$6 + 8$	$14 - 5$	$8 + 0$	$20 - 7$	?

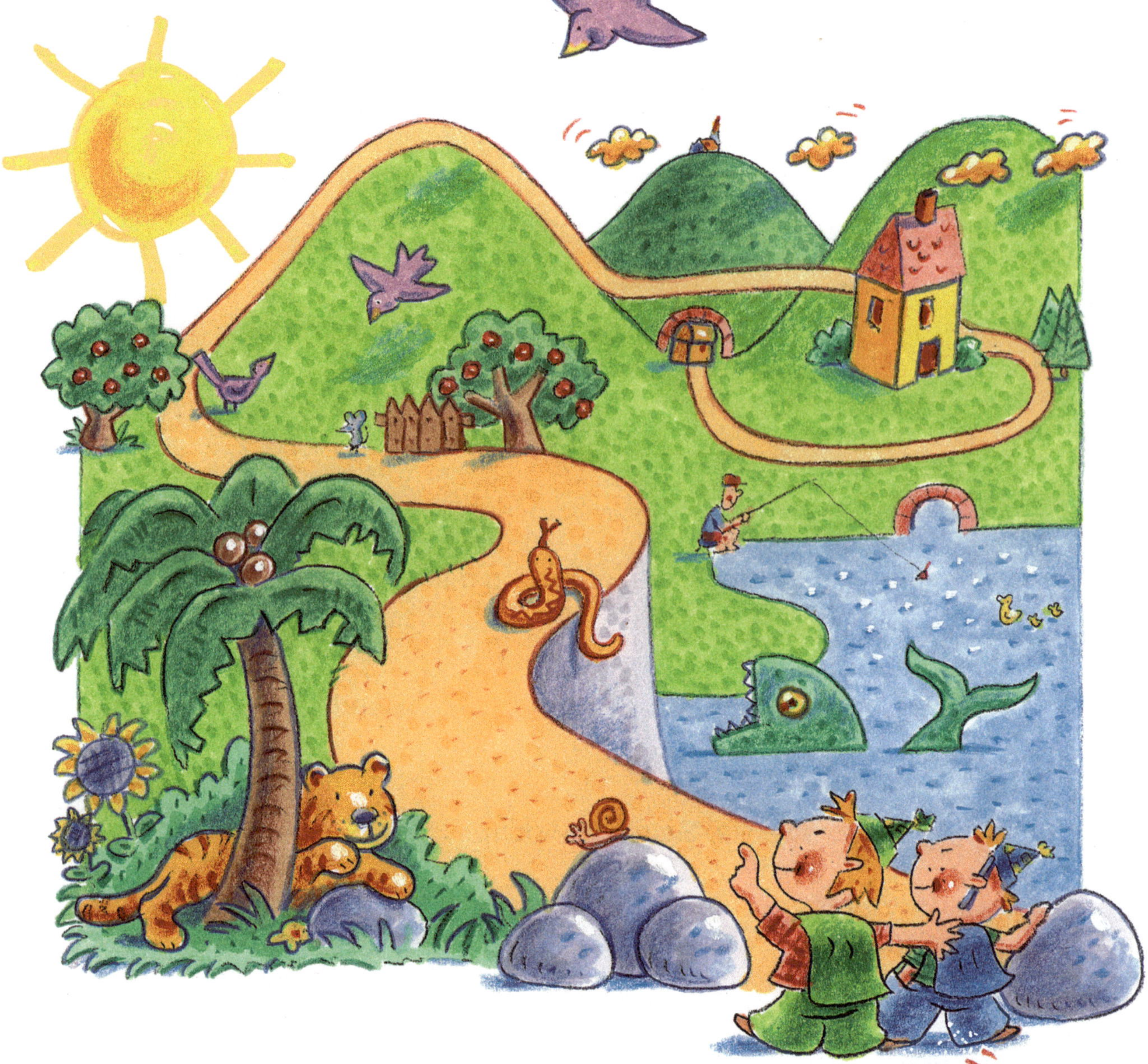

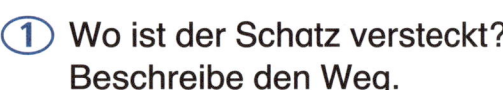

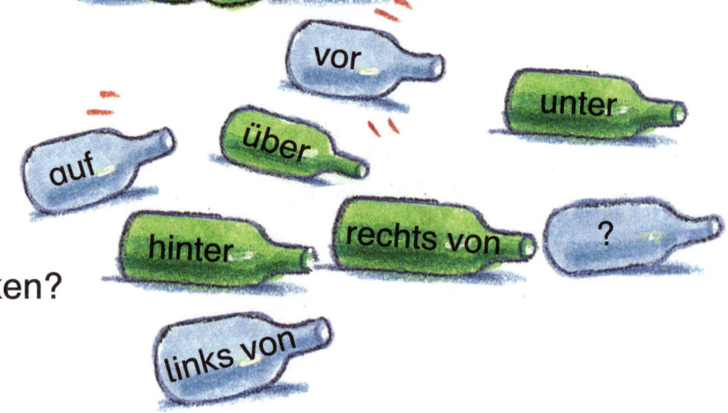

① Wo ist der Schatz versteckt?
Beschreibe den Weg.

② Was kannst du auf dem Bild noch entdecken?
Erzähle.

 ③ Malt ein Bild zur Schatzsuche.
Tauscht eure Bilder. Beschreibt die Wege zum Schatz.

 ④ Das Klassenzimmer als Schatzinsel:
Ein Kind geht hinaus.
Der Schatz wird versteckt.
Das Kind soll den Schatz mit eurer Hilfe finden.

 Beschreibt einen kurzen oder einen langen Weg.

Gehe 3 Schritte nach rechts, …

?

Gehe zwischen die erste und die zweite Bankreihe, …

100

5 Das Schatzkartenspiel

Wer kommt am schnellsten zum Schatz?

Ihr braucht:

 und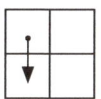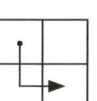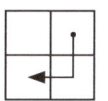

Du darfst die Kärtchen auch drehen.

So geht es: • Spielsteine auf die Boote stellen
• Kärtchen verdeckt hinlegen
• ein Kärtchen aufdecken
• den aufgezeichneten Weg gehen

z.B. 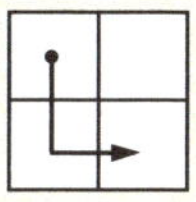 nach unten oder 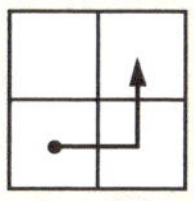   nach rechts
und rechts   und oben

oder …

101

① Vergleiche die Scheine miteinander, vergleiche die Münzen.

② Lege einen Geldbetrag – dein Partner zählt.
Wie viel Geld ist es?

③ Wie viel Geld ist es? Schreibe auf.

a)

_7 €_

b)

_____

c)

_____

d)

_____

e)

_____

f)

_____

④ Wie legst du 10 Euro, 5 Euro, …? Finde viele Möglichkeiten.
Schreibe auf.

⑤ Lege mit möglichst wenigen
Münzen und Scheinen.
Schreibe auf.

Bis 10 € brauche ich höchstens 3 Münzen und einen Schein.

1 €		①	
2 €		②	
3 €		②	①
…			

102

6 Welche Münzen und Scheine sind es? Schreibe auf.

a)

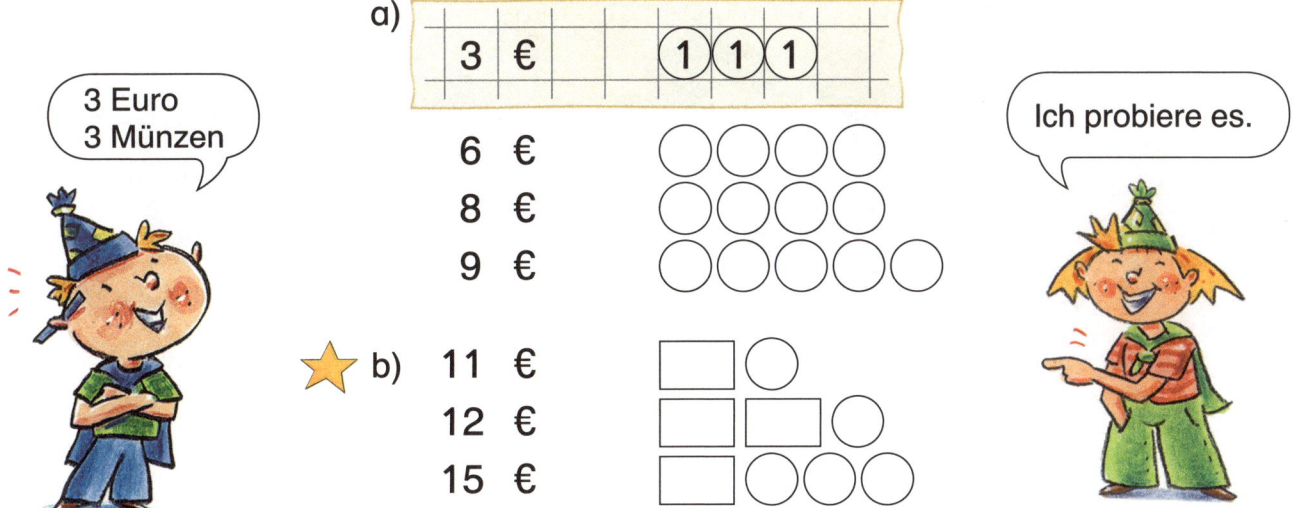

3 Euro
3 Münzen

Ich probiere es.

3 €	① ① ①
6 €	
8 €	
9 €	

b) 11 €

12 €

15 €

7 In welchem Schwein ist jeweils mehr Geld? Vergleiche: mehr , weniger , gleich viel .
Schreibe mit >, <, =.

6 € > 4 €

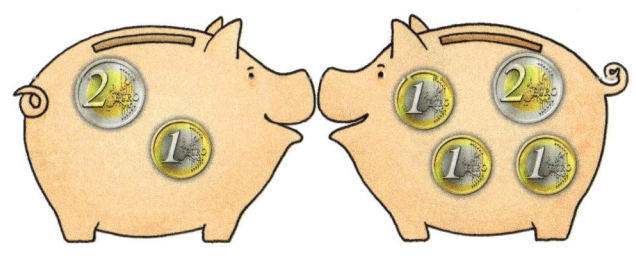

_____

_____

_____

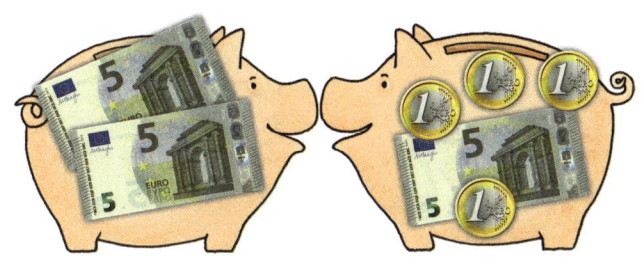

_____

_____

① Wie viel kosten die Dinge zusammen?

a)

_____

b)

_____

c)

_____

d)

_____

e)

_____

f)

_____

 ② Kaufe selbst ein. Male und rechne.

④ Was kostet es wohl, wenn ich alles kaufe?

 ③ Du kaufst für genau 10 Euro ein.
Was kann das sein?

1	0	€	=	3	€	+	7	€
							?	
1	0	€	=			+		

5 Wie kannst du bezahlen?

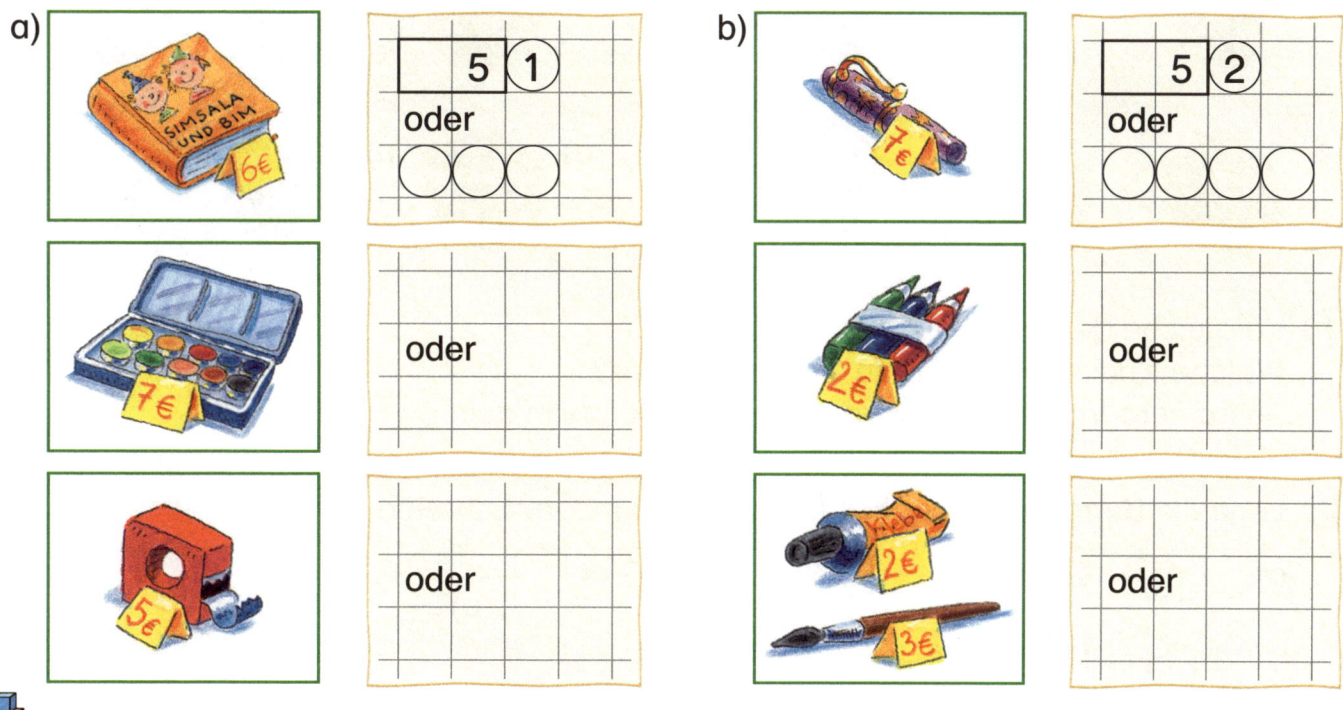

a) [5] (1)
oder
○ ○ ○

oder

oder

…

b) [5] (2)
oder
○ ○ ○ ○

oder

oder

…

6 Wie viel bekommt ihr zurück?
Spielt und schreibt auf.

Ich kaufe:	Ich gebe:	Zurück:
 a) 7 €	 10	___ €
	Ich rechne so: 10 € − 7 € = ___ € Ich rechne so: 7 € + ___ € = 10 €	
b) ___	 5	 ___
c) ___	 5 2	 ___
d) ___	 2 2	 ___
e) ___	 10	 ___
f) ___	 5	 ___

105

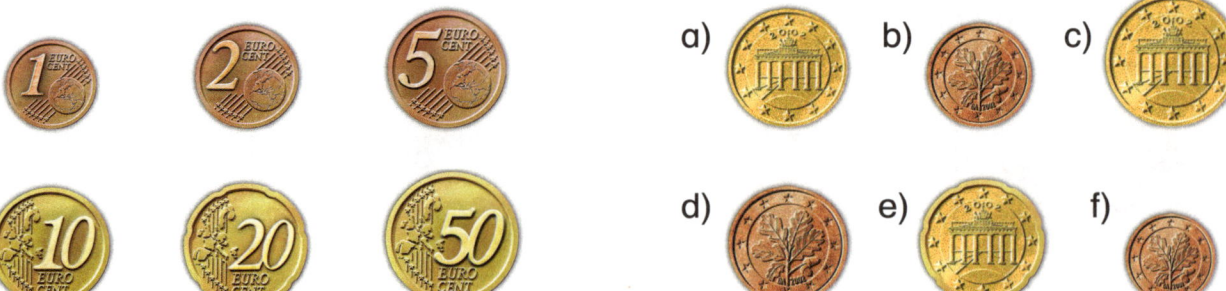

1 Vergleiche die Münzen.
Welche Rückseite gehört zu welcher Münze?
Schraffiere Vorder- und Rückseite einer Münze in dein 📖.

2 Lege die Beträge mit möglichst wenigen Münzen. Schreibe auf.

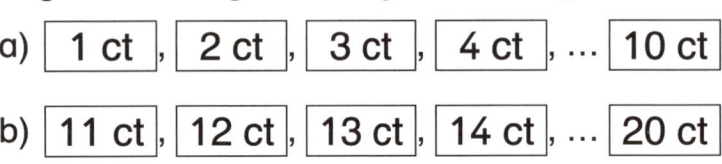

a) 1 ct , 2 ct , 3 ct , 4 ct , … 10 ct

b) 11 ct , 12 ct , 13 ct , 14 ct , … 20 ct

Ich brauche nie mehr als 4 Münzen.

⭐ c) Gibt es einen Betrag, für den man mehr als 4 Münzen legen muss?

3 10 erreicht – gewonnen!

Spielt so: Wer zu 10 ct auffüllt, gewinnt ein -Stück.

Wer gewinnt die meisten -Stücke?

2 Cent dazu … gewonnen!

4 Wie viel Geld ist es? Zähle geschickt.

a) __12 ct__   b) _____   c) _____   d) _____

5 Geld schnell gezählt.

a) __16 ct__   b) _____   c) _____

d) _____   e) _____   f) _____

6 Lege für deinen Partner einen Geldbetrag so,
dass er schnell zählen kann.

7 Welche Münzen fehlen? Ergänze sie.

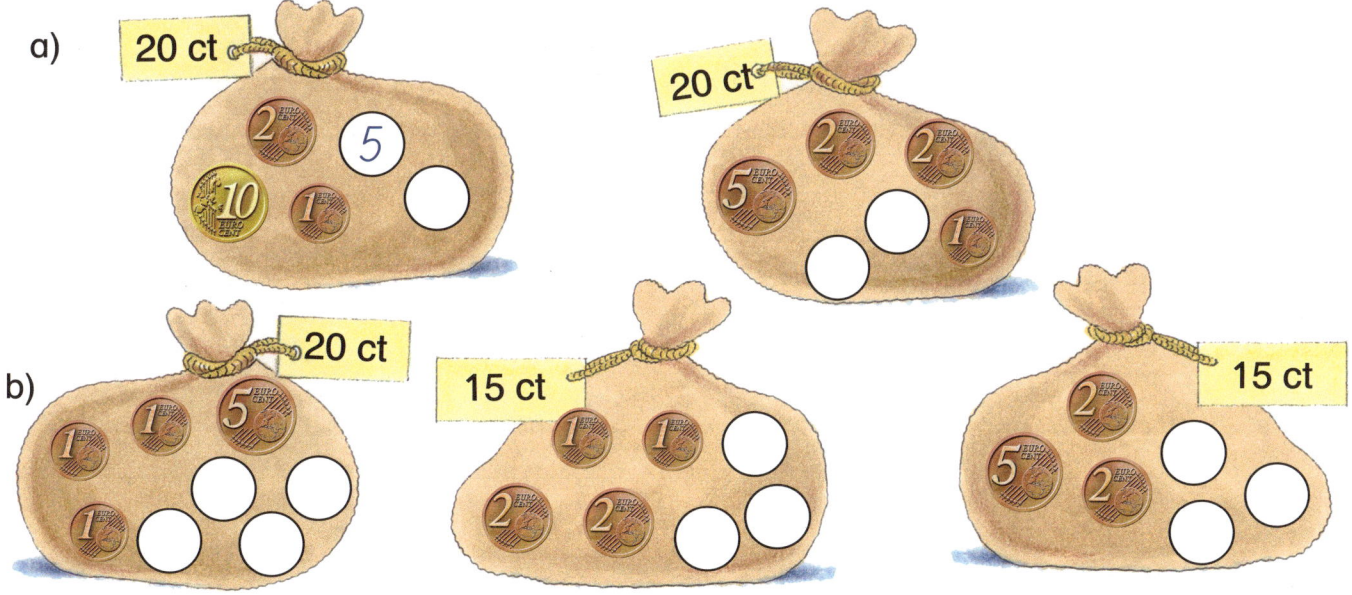

a) 20 ct   20 ct

b) 20 ct   15 ct   15 ct

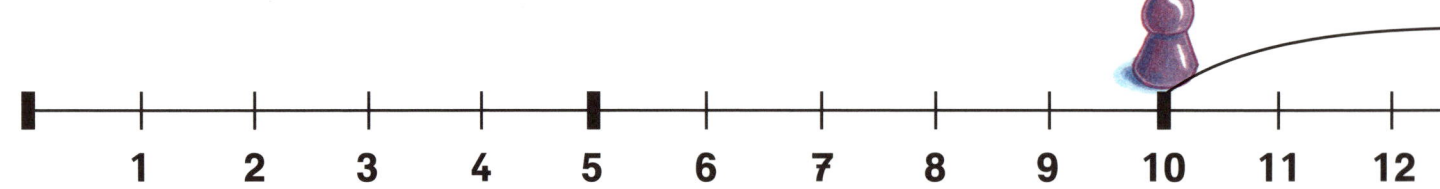

1 | 2 | 3 | 4 | 5 | 6 | 7 | 8 | 9 | 10 | 11 | 12

1 Spiel:

Nehmt einen Zahlenstrahl.
Startet bei 10. Zieht immer eine
Plus- und eine Minuskarte. Springt.
Wer erreicht die größte Zielzahl?
Spielt auch mit anderen Startzahlen.

(+8) (+3) (−4) (+2) (−3) (−6)

2 Wie heißt die Zielzahl? Kontrolliere mit dem Zahlenstrahl.

a) 1 (+4) = ___
3 (+2) = ___
7 (+3) = ___
8 (+2) = ___

b) 10 (−1) = ___
9 (−3) = ___
4 (−4) = ___
7 (−6) = ___

c) 12 (+3) = ___
9 (+2) = ___
8 (+4) = ___
7 (+7) = ___

d) 19 (−3) = ___
13 (−3) = ___
14 (−2) = ___
11 (−2) = ___

> Überlege:
> Woran erkennst
> du ⊕ oder ⊖?

3 Plus- oder Minuskarte? Überprüfe durch Nachrechnen.

a) 5 ( ) = 7
9 ( ) = 7
10 ( ) = 6

b) 2 ( ) = 6
18 ( ) = 16
9 ( ) = 11

c) 12 ( ) = 15
17 ( ) = 13
19 ( ) = 20

d) 18 ( ) = 17
4 ( ) = 7
12 ( ) = 10

4 Schreibe die Rechnung zum Bild auf.

a)
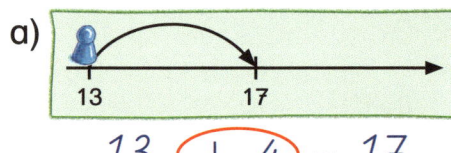
13 (+4) = 17

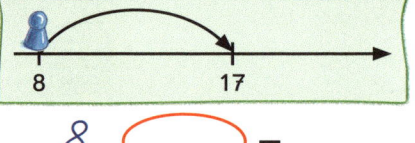
8 ( ) = ___

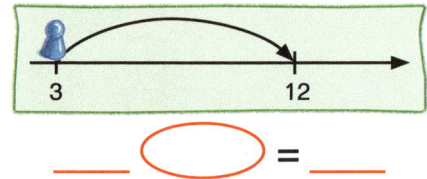
___ ( ) = ___

b)
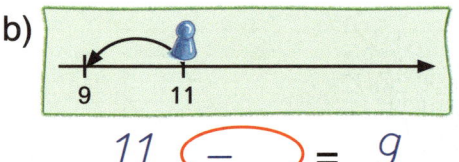
11 (−) = 9

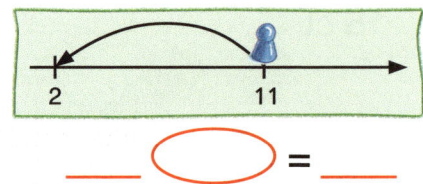
___ ( ) = ___

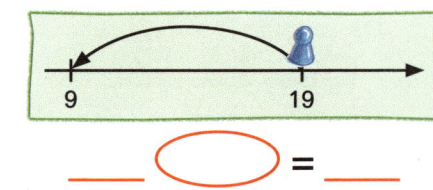
___ ( ) = ___

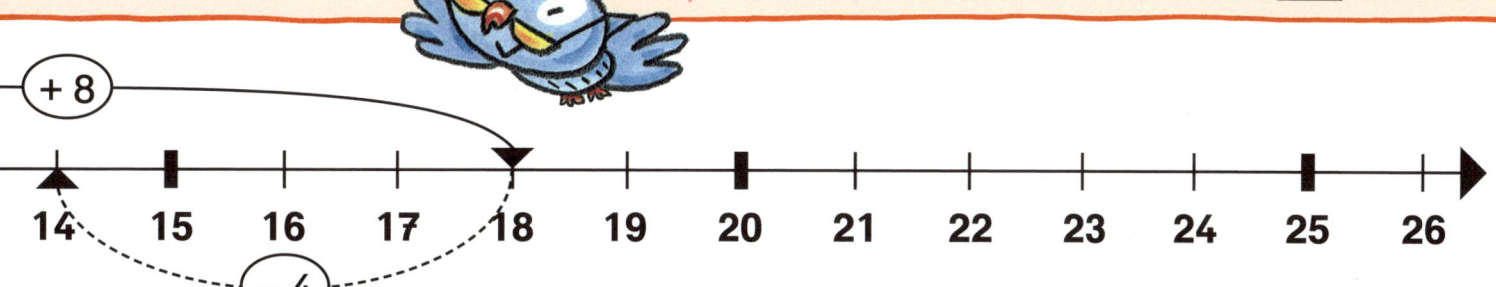

5 Umkehren: Springe vor und zurück zur Startzahl.
Schreibe Aufgabe und Umkehraufgabe ins Heft.

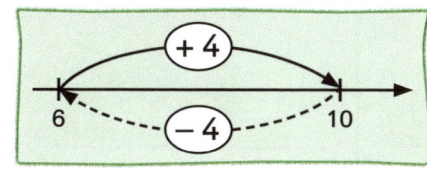

$$6 + 4 = 1 0$$
$$1 0 - 4 = 6$$

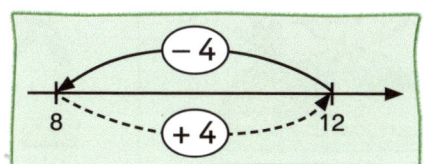

$$1 2 - 4 = 8$$
$$8 + 4 = 1 2$$

a)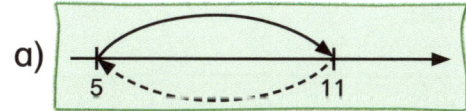

b)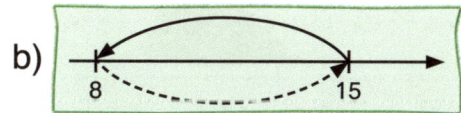

c)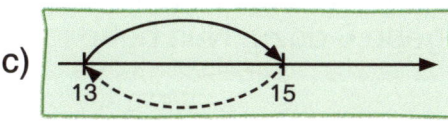

d)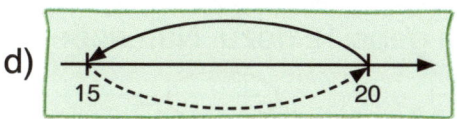

e)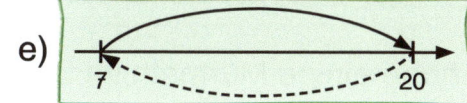

f)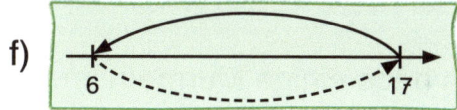

6 Finde die Startzahl mithilfe der Umkehraufgabe.

a)
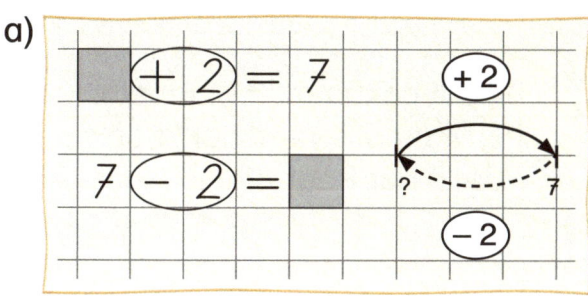
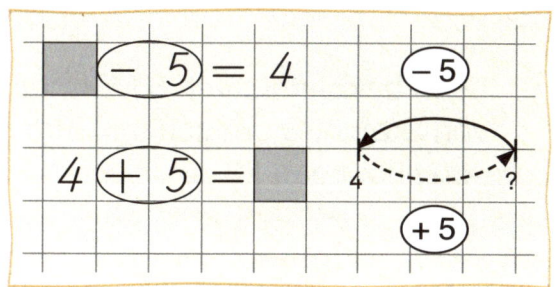

b) ___ + 7 = 16   ___ + 5 = 20   ___ + 4 = 12

16 − 7 = ___   20 − 5 = ___   12 − 4 = ___

7 Denke an die passende Umkehraufgabe.

___ + 6 = 14   ___ − 8 = 4   ___ + 7 = 16

___ − 4 = 9   ___ + 7 = 19   ___ − 3 = 14

Rechenrätsel mit Murmeln

1 Wie viele Murmeln waren im Sack?

 Ich habe einige Murmeln im Sack.

 Ich gebe 2 dazu.

 Jetzt habe ich 11.

___ $+ 2$ $= 11$

Warum schreibt Simsala so?

Beim Rechnen hilft mir die Umkehraufgabe.

2 a) Ich habe einige Murmeln im Sack. Ich gebe 12 dazu. Nun habe ich 20.

___ $+$ = ___

Ich habe einige Murmeln im Sack. Ich gebe 6 dazu. Nun habe ich 12.

___ ⬭ = ___

b) Ich habe einige Murmeln im Sack. Ich nehme 5 weg. Jetzt habe ich 12.

___ $-$ = ___

Ich habe einige Murmeln im Sack. Ich nehme 8 heraus. Nun habe ich 4.

___ ⬭ = ___

⭐ c) Leon bekommt noch 8 Murmeln von Stefan. Clara schenkt ihm 6. Jetzt hat Leon 22.

___ ⬭ ⬭ = ___

Paul bekommt 7 Murmeln. 5 Murmeln verschenkt er. Jetzt hat Paul 21.

___ ⬭ ⬭ = ___

Überprüfe durch Nachrechnen.

 3 Erfindet passende Rätsel und rechnet.

a) ___ $+ 5 = 12$ b) ___ $- 2 = 18$ c) ___ $+ 12 = 17$ d) ___ $- 9 = 8$

___ $- 2 = 7$ ___ $+ 6 = 15$ ___ $- 4 = 11$ ___ $+ 8 = 16$

5, 7, 8, 9, 9, 15, 17, 20

4 Was ist passiert?

 Ich habe 15 Murmeln im Sack.

 Simsalabim.

 Nun sind es 9.

$$15 \quad - \quad \underline{} \quad = 9$$

Warum schreibt Bim so?

5 a)
Es sind 17 Murmeln im Sack.
Simsalabim.
Nun sind es 11.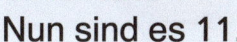

____ ⚪ = ____

Es sind 20 Murmeln im Sack.
Simsalabim.
Nun sind es 7.

____ ⚪ = ____

b)
Es sind 9 Murmeln im Sack.
Simsalabim.
Nun sind es 14.

____ ⚪ = ____

Es sind 10 Murmeln im Sack.
Simsalabim.
Nun sind es 19.

____ ⚪ = ____

⭐ c)
Marek hatte 13 Murmeln. Von Jule bekommt er 8.
Amelie schenkt er einige Murmeln.
Jetzt hat er noch 16.

____ ⚪ ⚪ = ____

Überprüfe durch Nachrechnen.

 6 Erfindet passende Rätsel und rechnet.

a) $3 + \underline{} = 11$ b) $15 - \underline{} = 12$ c) $14 - \underline{} = 8$ d) $15 + \underline{} = 20$

$5 + \underline{} = 12$ $16 - \underline{} = 11$ $15 - \underline{} = 7$ $16 + \underline{} = 20$

3, 4, 5, 5, 6, 7, 8, 8

111

Kennst du die Uhr?

Nimm als Zeiger Streichhölzer.

1 Dein Tagesablauf:
Wo stehen die Zeiger, wenn du …

… aufstehst?

… ins Bett gehst?

… mit den Hausaufgaben beginnst?

… Pause hast?

… zu Abend isst?

… aus dem Haus gehst?

Schreibe oder male deinen Tagesablauf ins .

2 Wie viel Uhr ist es, wenn du …?

a)

… aufstehst?

b)

… mit den Hausaufgaben beginnst?

c)

… dich mit Freunden triffst?

d)

… ?

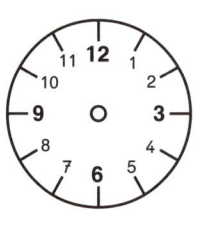 ____ Uhr

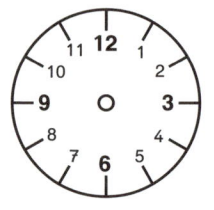 ____ Uhr

 ____ Uhr

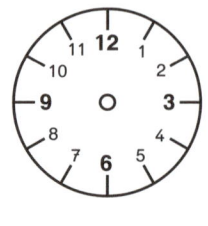 ____ Uhr

3 Kennst du diese Uhrzeiten? Trage beide Uhrzeiten ein.

vormittags: 11 Uhr
abends: 23 Uhr

☺ _11_ Uhr

🌙 _23_ Uhr

☺ _____ Uhr

🌙 _____ Uhr

☺ _____ Uhr

🌙 _____ Uhr

☺ _____ Uhr

🌙 _____ Uhr

☺ _____ Uhr

🌙 _____ Uhr

☺ _____ Uhr

🌙 _____ Uhr

☺ _____ Uhr

🌙 _____ Uhr

☺ _____ Uhr

🌙 _____ Uhr

☺ _____ Uhr

🌙 _____ Uhr

4 Was machst du an diesen Wochentagen um diese Uhrzeit?
Male oder schreibe.

Montag

_____ Uhr

Donnerstag

_____ Uhr

Sonntag

_____ Uhr

  a) Baut Dreiertürme aus diesen Steinen:

Jede Farbe darf nur einmal vorkommen.

Wie viele verschiedene Türme können es werden?

Malt:

  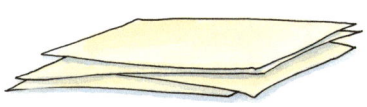

b) Wie könnt ihr eure Türme ordnen?
Habt ihr alle gefunden?

c) Vergleicht eure Ergebnisse mit anderen Gruppen.

② Leons Gruppe hat so geordnet. Was fällt dir auf?

Die ersten beiden
Türme sind ähnlich.

Der unterste Stein
ist immer …

Wie könnte es weitergehen? Male.

3 Isabels Gruppe hat so geordnet. Was fällt dir auf?

Der rote Stein …

Immer das gleiche Muster …

Wie könnte es weitergehen? Male.

4 Du hast diese Steine:

a) Baue Dreiertürme. Jede Farbe darf mehrmals vorkommen.
Wie viele verschiedene Türme kannst du bauen?
Probiere und male.

b) Hast du alle Türme gefunden? Ordne.
Vergleiche mit dem Partner.

  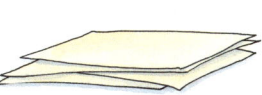

5 Du hast diese Steine:

a) Baue Zweiertürme. Jede Farbe darf nur einmal vorkommen.
Wie viele verschiedene Türme kannst du bauen?

Probiere und male.

b) Hast du alle Türme gefunden? Ordne.
Vergleiche mit dem Partner.

 6 Du hast diese Steine:

Baue Vierertürme. Jede Farbe darf nur einmal vorkommen.
Wie viele verschiedene Türme kannst du bauen?
Findest du alle?

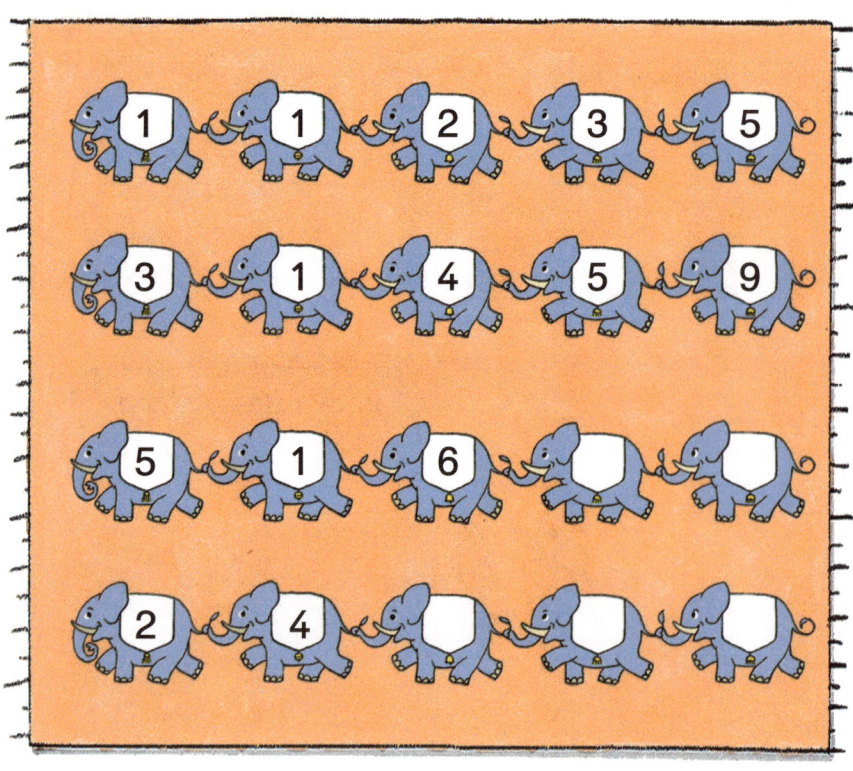

1 + 6 = 7

① Wo gehören die Kärtchen hin? Erkläre.

② Wie heißen die fehlenden Zahlen?

③ Knobelelefanten

2 plus wie viel ist gleich 7?

Wie viel plus 1 ist gleich 8?

 ④ Erfinde eigene Knobelelefanten.

5 Immer 10. Hier gibt es mehrere Lösungen.

STRATEGIE Probieren und Ordnen
STRATEGIE Rückwärts-arbeiten

a) Wie viele findest du? Probiere aus.

Ich probiere mit 2 und 3 am Anfang.

Die Zahlen sind zu klein.

Dann probiere ich mit …

 Ich versuche es von hinten.

Ich probiere mal so …

b) Vergleicht eure Lösungen. Was fällt euch auf?

Ich ordne die Elefantenketten und beginne mit 0, 2, …

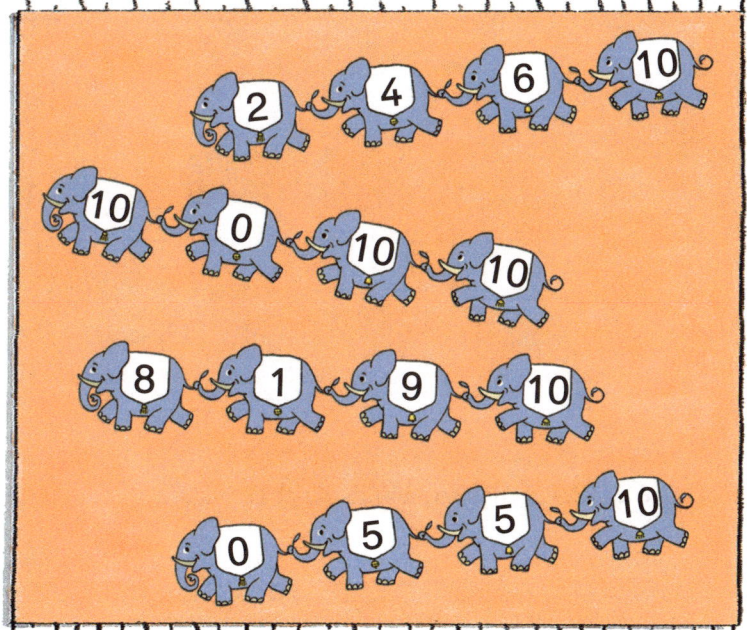

Ich habe noch eine Lösung.

Die zwei Zahlen in der Mitte ergeben immer …

c) Wie viele Lösungen habt ihr? Sind das alle?

6 Immer 20. Wie viele Möglichkeiten findest du?

1 Wie rechnen die Kinder? Erkläre.

Erfindet Rechendreiecke und legt.

2 Einfache Rechendreiecke

a)
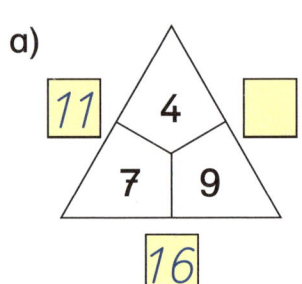
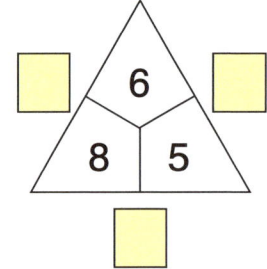
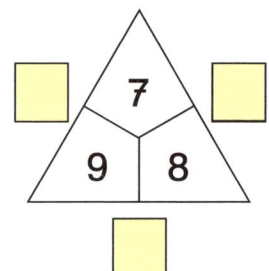

b)
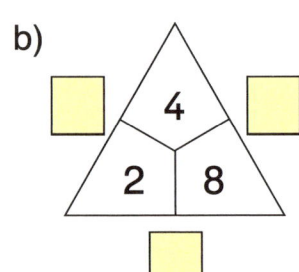
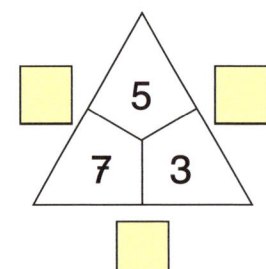
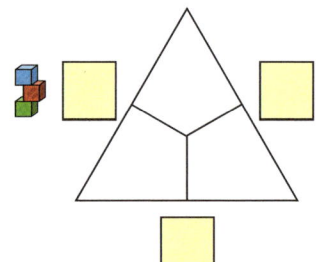

3 Rechendreiecke mit 2 gleichen Zahlen. Was fällt dir auf?

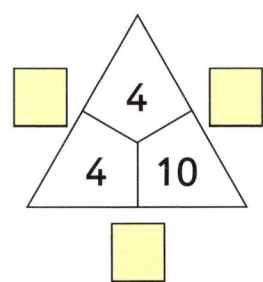
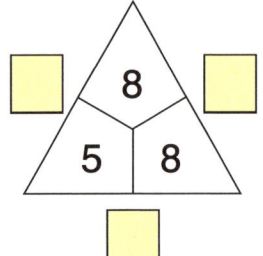
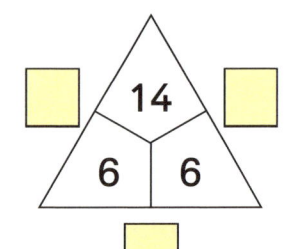
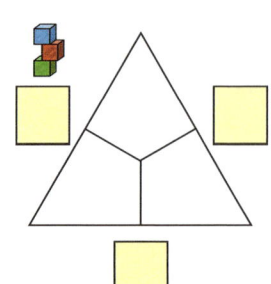

4 Wie löst du diese Dreiecke? Erkläre.

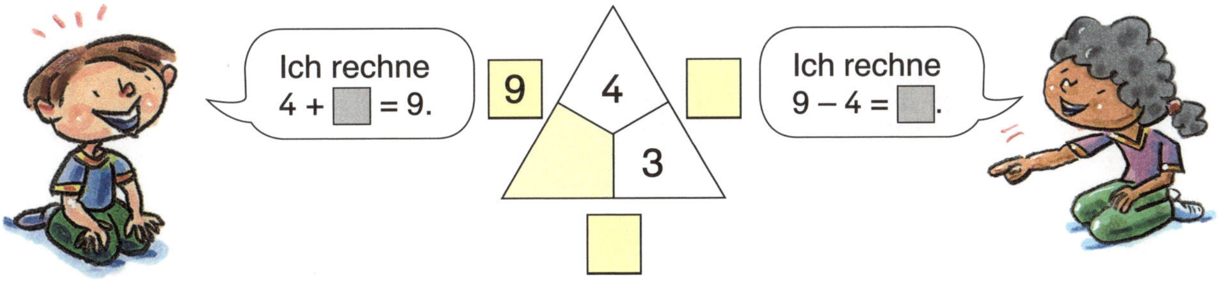

Ich rechne
4 + ▨ = 9.

9 | 4 | ☐
3
☐

Ich rechne
9 − 4 = ▨.

a)

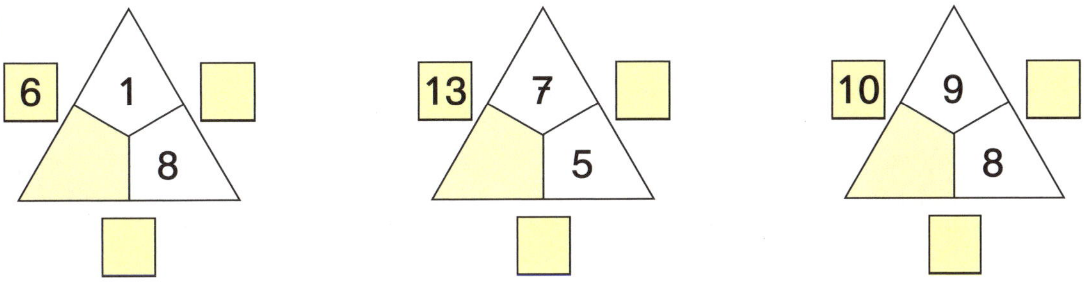

6 | 1 | ☐
8
☐

13 | 7 | ☐
5
☐

10 | 9 | ☐
8
☐

b)

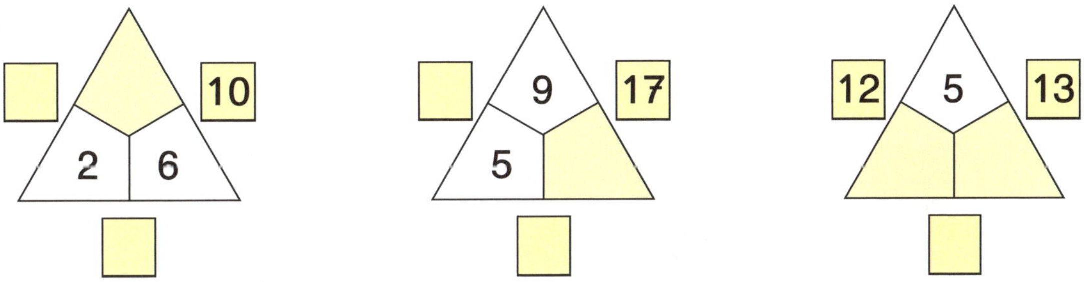

☐ | 10
2 | 6
☐

☐ | 9 | 17
5
☐

12 | 5 | 13
☐

5 Immer 10 Plättchen.

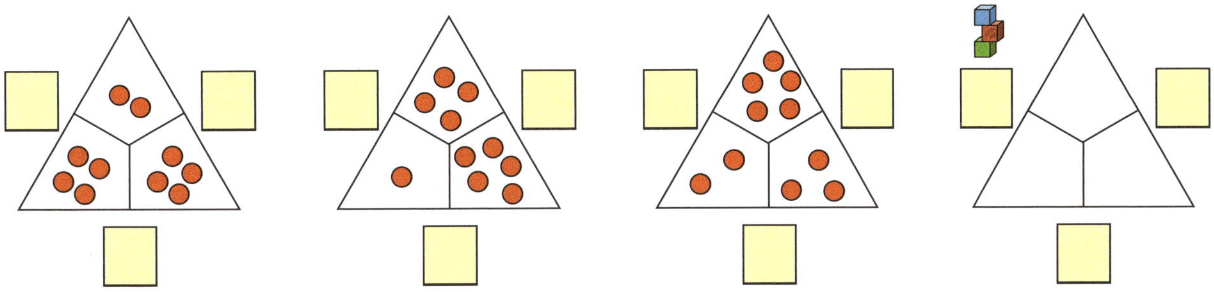

☐ ☐
☐

☐ ☐
☐

☐ ☐
☐

☐ ☐
☐

Zähle die Außenzahlen jedes Dreiecks zusammen.
Was fällt dir auf?

6 Verschiebe immer 1 Plättchen.

5 | 7
4

☐ ☐
☐

☐ ☐
☐

Zähle die Außenzahlen jedes Dreiecks zusammen. Was fällt dir auf?

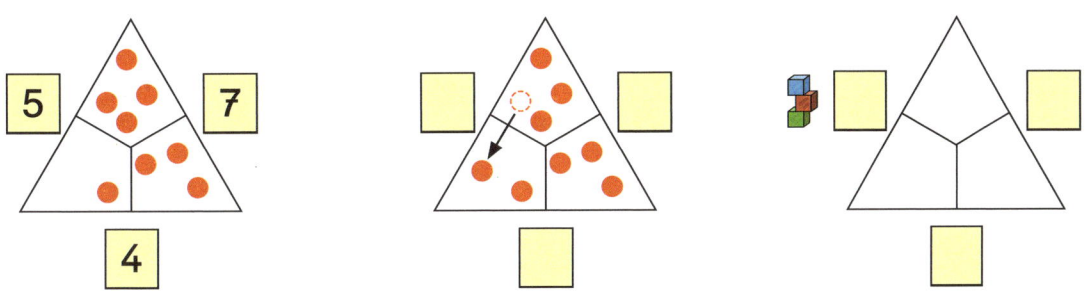

1 Hier sind 3 Mathener. Woran erkennt man sie?
Baue Mathener.

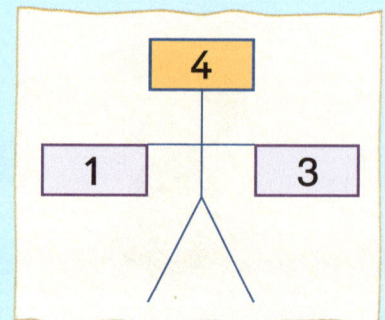

2 Diese Figuren wollen Mathener werden.

a)

b)

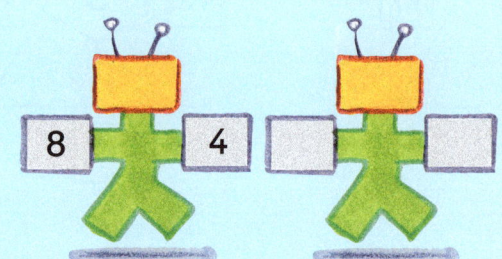

3 Mathener-Zwillinge gesucht.

a)

b)

c)

d)

⭐ e) Findest du Mathener-Drillinge, -Vierlinge, …?

4 Ufos der Mathener

a) Wie ist der Bauplan? Achte auf die Zahl im Cockpit.

b) Baue die Ufos fertig.

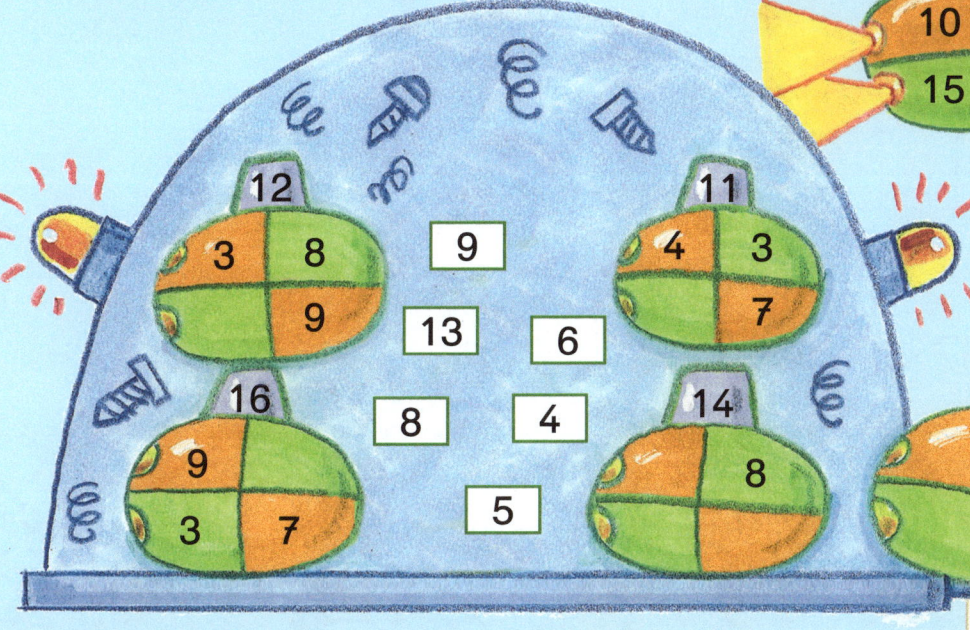

c) Erfinde Ufos. Schreibe in dein .

5 Mathener haben Haustiere.

In der Zahl auf dem Körper steckt der Name.

G A B I
7 + 1 + 2 + 9 = 19

I F E
9 + 6 + 5 = 20

a) Welche Zahlen tragen FEDA, DEFA und BEN? Trage ein.

A	B	C	D	E	F	G	H	I	J	K	L	M	N	O
1	2	3	4	5	6	7	8	9	10	11	12	13	14	15

F E D A
_ + _ + _ + _ = _

D E F A
_ + _ + _ + _ = _

B E N
_ + _ + _ = _

b) Erfinde Haustiere und male sie in dein . Rechne ihre Zahlen aus.

1

14 = 10 + ___   11 = ___ + ___

18 = 10 + ___   16 = ___ + ___

15 = ___ + ___   19 = ___ + ___

Schöne Ferien!

2 Verdopple.

2	5	7	6	3	4	10	9	8

3 >, <, = ?

a) 18 ◯ 14   b) 20 ◯ 12   c) 8 + 3 ◯ 10

   7 ◯ 8   11 ◯ 16   6 + 6 ◯ 12

  10 ◯ 10   14 ◯ 4   9 + 9 ◯ 20

4 Zerlege.

10
5 → 5
7 → 2
1 → 6

9
2 → ___
6 → 4
3 → 8

8
4 → ___
5 → 2
3 → 7

20
10 → ___
6 → 2
8 → 5
   → 13

15
5 → ___
8 → 12
9 → 4

5 3 Zahlen – 4 Aufgaben: Es gibt immer 2 Möglichkeiten. Schreibe ins Heft.

6, 8, ?

8, 11, ?

1, 12, ?

10, 11, ?

5, 12, ?

14, 5, ?

7, 8, ?

6 Ordne nach der Größe.

a) 19, 9, 21, 12, 2, 5, 15, 1, 16   1, _____

b) 20, 14, 4, 10, 7, 3, 13, 11, 18   _____

7

$7 + 2 =$ ___ $6 + 4 =$ ___ $3 + 5 =$ ___ $9 + 1 =$ ___ $4 + 4 =$ ___

$17 + 2 =$ ___ $16 + 4 =$ ___ $13 + 5 =$ ___ $19 + 1 =$ ___ $14 + 4 =$ ___

$1 + 8 =$ ___ $2 + 6 =$ ___ $10 + 2 =$ ___

$11 + 8 =$ ___ $12 + 6 =$ ___ $20 + 2 =$ ___

Auf Wiedersehen in der 2. Klasse!

8 Halbiere.

10	8	16	4	12	20	6	14	18

9

$20 - 6 =$ ___ $2 + 17 =$ ___ $10 - 3 =$ ___ $10 + 5 =$ ___

$19 - 7 =$ ___ $3 + 15 =$ ___ $20 - 6 =$ ___ $10 - 5 =$ ___

$18 - 8 =$ ___ $4 + 13 =$ ___ $10 - 4 =$ ___ $9 + 4 =$ ___

$17 - 9 =$ ___ $5 + 11 =$ ___ $20 - 8 =$ ___ $9 - 4 =$ ___

...   .

10 Setze (+) oder (−) richtig ein.

$6 \bigcirc 4 = 10$

$3 \bigcirc 5 = 8$

$12 \bigcirc 3 = 9$

$18 \bigcirc 6 = 12$

$19 \bigcirc 1 = 18$

11 Wie viel kommt dazu oder weg?

$6 + 14 = 20$ $17 \_\_\_ = 19$

$18 \_\_\_ = 11$ $12 \_\_\_ = 7$

$21 \_\_\_ = 12$ $10 \_\_\_ = 21$

$16 \_\_\_ = 20$ $19 \_\_\_ = 9$

Quellenverzeichnis:

S. 55 rechts unten: Konfetti © Wolfgang Achmann, München, 2002

S. 56 oben Mitte: Paul Klee, Rote Brücke, 1928 © Interfoto / A. Koch

S.: 102, 103, 105, 106, 107: Euroscheine, Quelle: Deutsche Bundesbank; Euromünzen © Europäische Union

S. 122/123: Landschaft, © Kristina Klotz, München, 2009

Zahlenzauber 1

Erarbeitet von:	Bettina Betz, Angela Bezold, Ruth Dolenc-Petz, Carina Hölz, Hedwig Gasteiger, Petra Ihn-Huber, Christine Kullen, Elisabeth Plankl, Beatrix Pütz, Carola Schraml, Karl-Wilhelm Schweden
Unter Beratung von:	Juliane Leuders
Redaktion:	Anna Weininger, München; Christine Fischbacher
Illustration:	Mathias Hütter, Schwäbisch Gmünd; Renate Möller, Berlin
Umschlagkonzept:	Mendell & Oberer, München
Umschlaggestaltung:	grundmanngestaltung, Karlsruhe; Corinna Babylon, Berlin
Umschlagillustration:	Mathias Hütter, Schwäbisch Gmünd
Layout:	artesmedia, Glonn
Technische Umsetzung:	Thomas Werner, Dachau

www.oldenbourg.de

1. Auflage, 1. Druck 2016

Alle Drucke dieser Auflage sind inhaltlich unverändert
und können im Unterricht nebeneinander verwendet werden.

© 2016 Cornelsen Schulverlage GmbH, Berlin

Druck: Firmengruppe APPL, aprinta Druck, Wemding

ISBN 978-3-637-01870-9

PEFC zertifiziert

Dieses Produkt stammt
aus nachhaltig
bewirtschafteten
Wäldern und
kontrollierten Quellen

PEFC/04-32-0928   www.pefc.de

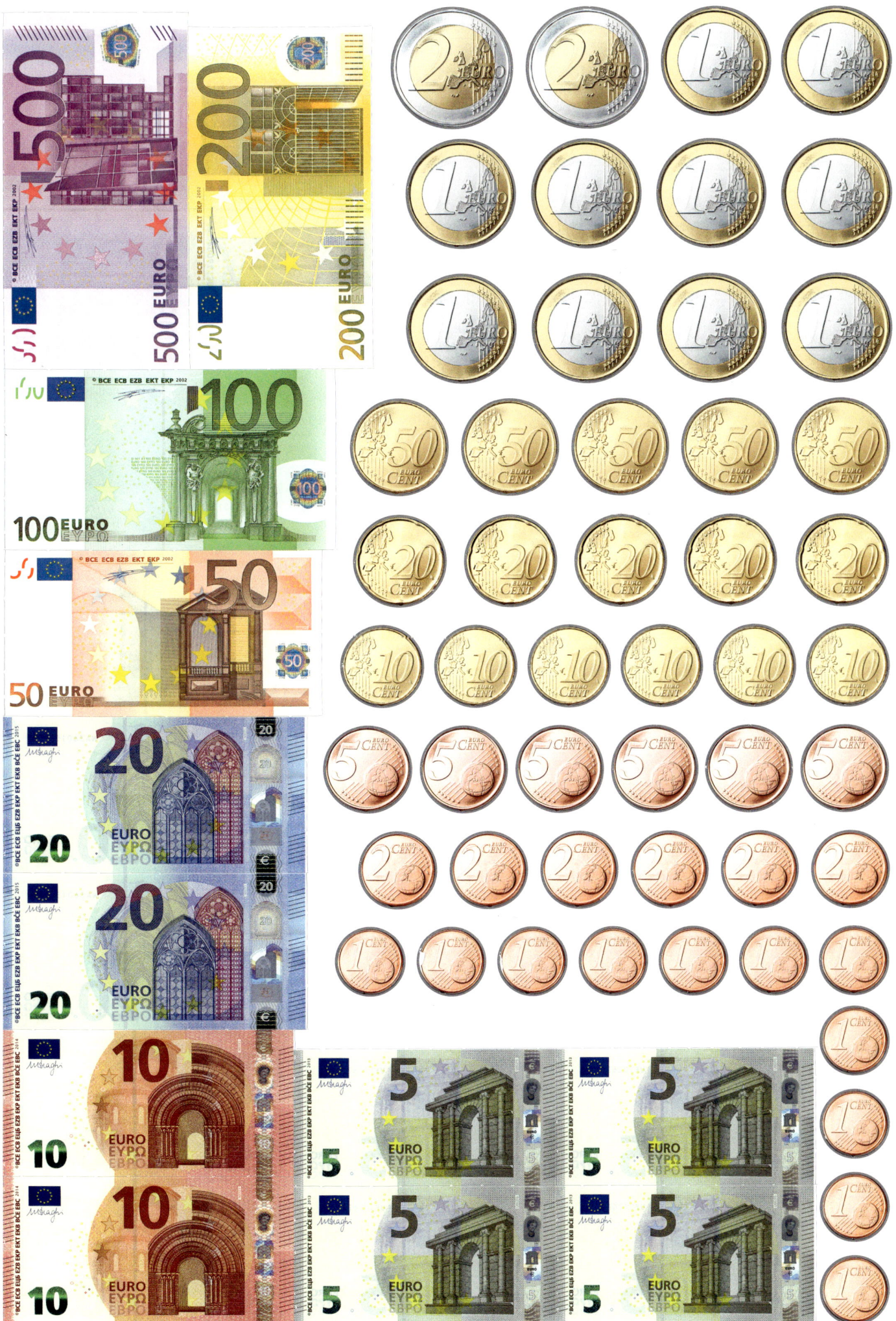

220003542

220003542

60
5
10
15
20
25
30
35
40
45
50
55
12
1
2
3
4
5
6
7
8
9
10
11
24
13
14
15
16
17
18
19
20
21
22
23

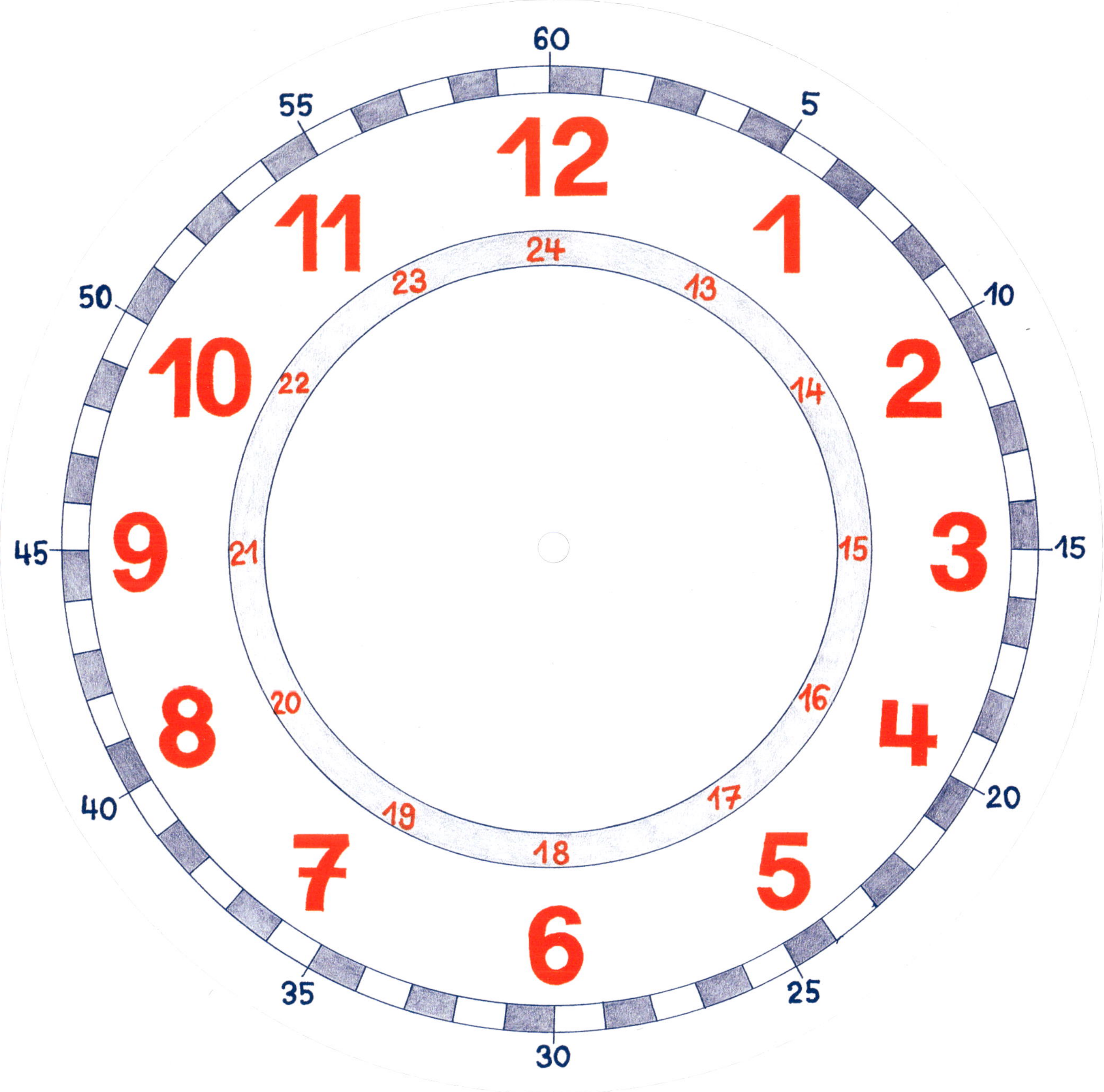

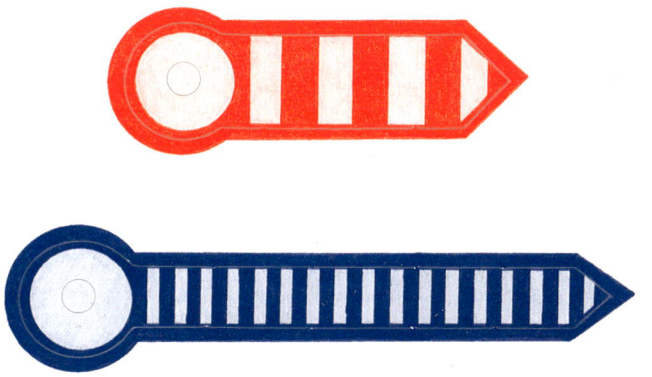

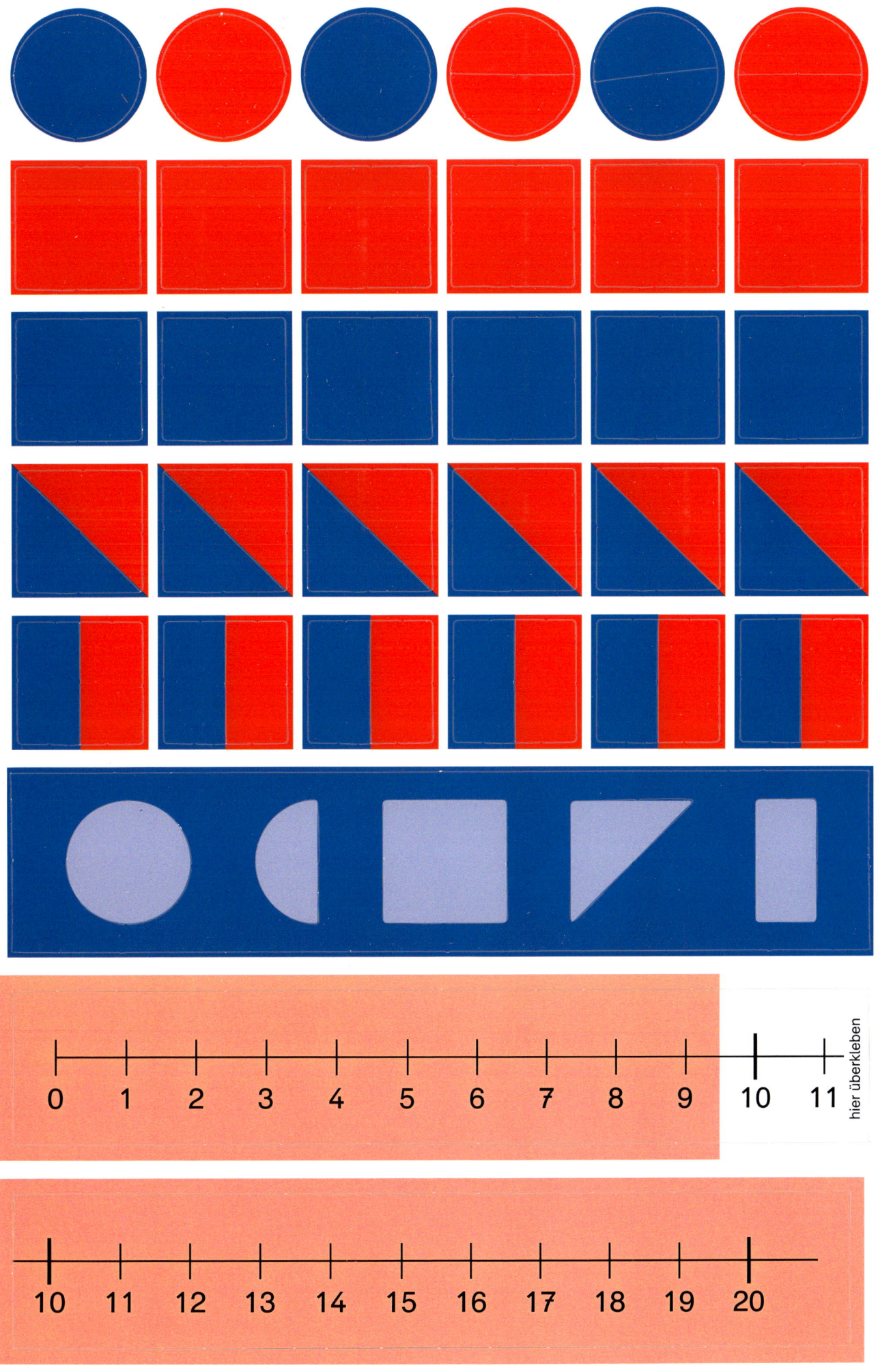

0 1 2 3 4 5 6 7 8 9 10 11

hier überkleben

10 11 12 13 14 15 16 17 18 19 20

0	1	2	3	4
5	6	7	8	9
10	11	12	13	14
15	16	17	18	19
20				

1	2	3	4	5
6	7	8	9	0

1	0	2	0